住民と行政の
協働における
社会心理学

髙橋尚也
Naoya Takahashi

●市民参加とコミュニケーションのかたち

The social psychology of
co-production between
citizens and public
administration

ナカニシヤ出版

はじめに

　本書は，住民と行政との協働として行われている活動を，社会心理学的な観点から分析し検証を試みたもので，平成29年度立正大学石橋湛山記念基金出版助成を受け刊行されました。

　地域における多様なニーズに即して，地域の問題を解決していくためには，生活者である住民とこれまで公共サービスを担ってきた行政とが協力して，地域の問題に取り組んでいくことが重要（松本，2004）と指摘されています。このような市民社会に関して，Habermas（1990）は，「市民社会の制度的核心をなすのは，自由な意思に基づく非国家的・非経済的な結合関係である」と論じ，行政システムや経済システムからの自律性を保持した市民フォーラムやボランティア組織などの市民組織の重要性を論じています。また，Giddens（1998）によれば，市民社会の再生のために，「政府と市民社会は，お互いに助け合い，お互いを監視し合うという意味での協力関係を築くべきである。（中略）状況に応じて，政府が市民社会に深く関与する必要のある場合もあれば，逆に，そこから撤退する必要のある場合もある。政府が直接的関与から手を引く場合には，地域の何らかの団体が政府の活動を引き継いだり，新しく活動を開始するのを支援するために，政府は必要な資金を提供し続けなければならない（p.139）」と論じられているのです。

　このように，市民社会論において，政府と市民組織との協力関係の必要性については，規範的に論じられています。しかし，政府と市民組織との協力関係は，容易に形成・維持されるとは限りません。

　例えば，吉野川第十堰の公共事業における行政と市民との関係は，初期の意思決定場面において，行政側が審議会の委員や審議内容を非公開にしたことや，行政側が住民の質問に対し「検討中」として即答を避けたことによって，住民に不信感を募らせた（山中，2003）と報告されています。こうした審議プロセスへの住民の不信が，やがて市民グループを，事業の是非を問う住民投票とい

う対決的手段へと導き，住民投票後も行政と住民との間には硬直状態が続き，両者は協力関係には至らなかったり，行政・住民双方が「話し合いとその場」の必要性を発言しつつも，テーブルに着く前に会議の運営の仕方などで，つばぜりあいに終わったり，市民の関心も低下したりしていたと報告されています（山中，2003）。

　また，滋賀県の手づくり石けん運動では，行政の発案で運動が開始し，行政と住民とがともに運動を展開していましたが，あるとき，行政が水質汚濁につながるとして，手づくり石けん運動を自粛するよう要請したことで，住民の考えた環境への思いと，行政の考えた環境への思いとの間にズレが生じ，住民と行政との間に相互不信を招き，結果的に運動の進展が阻害された（脇田，2000）と論じられています。

　このように，住民と行政との協力・協調関係，すなわち，住民と行政との協働は，必ずしも円滑に進展するとは限りません。こうした協働の進展を阻害するプロセスには，住民と行政との間の意識のズレや，相手に対する不信，相互理解の不足など，社会心理学の守備範囲であるコミュニケーションに関わる要因が複数関係しています。したがって，社会心理学の立場から，住民と行政との協働に関わる心理的要因を分析することにより，協働の遂行を促進する要因が解明できれば，地域における協働を効果的に実践し，地域において住民が公共的役割を担っていくための具体的な提言が可能になると期待されます。

本書の構成

　ここで本書の構成を説明しましょう。本書では，まず，第Ⅰ部では，行政との協働に関わる研究をレビューし，社会心理学的に検討するための枠組を提示します。つづいて，第Ⅱ部では，協働の活動水準が異なる地域において，協働に対する住民の参加を規定する要因と，協働における住民と行政との相互作用の内容を実証的に分析していきます。第Ⅲ部では，第Ⅱ部の各地域における研究結果を比較することを通して，協働の進展プロセスに関する社会心理学的なモデルを提唱し，そのモデルの展開や応用について議論します。

　本書は，社会心理学の研究書の形で刊行されていますので，統計量やその他，専門的な表現が多くなっています。他方，地域で活動されている一般の方や行政の方が本書を手に取ってくださることもあるかと思います。心理学を専門と

されていない一般の方は，第Ⅰ部や第Ⅲ部を中心にご覧いただくと理解しやすいのではないかと思います。行政関係者の方には，第Ⅱ部の第4章・第5章・第6章などが，行政が住民にどのように捉えられているかを理解する上で有用ですし，第Ⅲ部もお役に立つのではないかと思います。

目　　次

はじめに……………………………………………………………………………… i

第Ⅰ部　理論的検討 …………………………………………………………… 1

第 1 章　これまでの住民と行政との協働に関する研究 ………………… 3
　第 1 節　行政学・公共政策学領域における協働 ………………………… 3
　第 2 節　日本における住民と行政との協働事例に関する研究動向 …… 9
　第 3 節　本章のまとめ ……………………………………………………… 15

第 2 章　協働に関連する心理学的研究 ……………………………………… 17
　第 1 節　地域活動への参加 ………………………………………………… 17
　第 2 節　ボランティア参加 ………………………………………………… 19
　第 3 節　環境配慮行動 ……………………………………………………… 20
　第 4 節　政治参加 …………………………………………………………… 23
　第 5 節　協働における社会心理学的視点 ………………………………… 24

第 3 章　本書全体の目的 ……………………………………………………… 26
　第 1 節　先行研究の問題点と本書のアプローチ ………………………… 26
　第 2 節　本書の目的 ………………………………………………………… 29

第Ⅱ部　実証的検討 …………………………………………………………… 31

第 4 章　行政に対する住民の態度に関する予備的検討 ………………… 33
　第 1 節　大学生の自治体職員イメージ（研究 1 ）………………………… 34
　第 2 節　大学生における自治体職員イメージの規定因（研究 2 ）…… 40
　第 3 節　自治体職員に関する新聞記事の言説分析（研究 3 ）………… 47
　第 4 節　本章のまとめ ……………………………………………………… 50

第5章　行政に対する住民の期待に関する検討 ……………………… 51
　第1節　自治体職員に対する期待とイメージ（研究4） ………………… 51
　第2節　自治体職員に対する期待と協働意図・経験（研究5） ………… 59
　第3節　本章のまとめ …………………………………………………… 67

第6章　協働における住民と行政との相互作用に関する定性的検討 …… 68
　第1節　協働の活動水準別に検討する地域の地理的特徴 ……………… 68
　第2節　協働前地域における自治体職員の意識の検討（研究6） ……… 69
　第3節　協働初期地域における防犯活動関与者の意識の検討（研究7） … 73
　第4節　協働進展地域におけるコミュニティ活動関与者の意識の検討
　　　　（研究8） ………………………………………………………… 77
　第5節　本章のまとめ …………………………………………………… 82

第7章　協働に関する参加および参加に伴う意識変化に関する
　　　　定量的検討 ………………………………………………………… 84
　第1節　協働初期地域における協働および防犯活動への参加を規定する
　　　　要因の検討（研究9） …………………………………………… 84
　第2節　協働進展地域における協働およびコミュニティ運営への参加を
　　　　規定する要因の検討（研究10） ………………………………… 96
　第3節　協働の進展に応じた住民意識の比較（研究9・研究10の比較）… 112

第Ⅲ部　協働の進展プロセスモデルの提案（総括） ………………… 117

第8章　総合考察 ……………………………………………………… 119
　第1節　実証的検討のまとめ …………………………………………… 119
　第2節　本書の結論 ……………………………………………………… 124
　第3節　本書における実証研究の理論的位置づけ …………………… 127
　第4節　今後の課題 ……………………………………………………… 130

第9章　協働の進展に伴う地域に対する態度の測定 ………………… 132
　第1節　地域活動者における協働の進展に伴う地域に対する態度（研究11）
　　　　……………………………………………………………………… 132
　第2節　保護司における協働の進展に伴う地域に対する態度（研究12） … 135

第 3 節　ボランティア活動者における地域に対する態度とボランティア
　　　　 活動スキルとの関連（研究 13）………………………………………… 138
第 4 節　まとめと今後の課題 ……………………………………………………… 142

おわりに　145
本書を構成する研究の公刊状況　149
引用文献　151
索　　引　155
資　料　1　159
資　料　2　161
資　料　3　163
資　料　4　169

第Ⅰ部　理論的検討

第1章　これまでの住民と行政との協働に関する研究
第2章　協働に関連する心理学的研究
第3章　本書全体の目的

第1章　これまでの住民と行政との協働に関する研究

　従来，住民と行政との協働に関する研究は，行政学や公共政策学や社会学の領域において検討が行われてきた。本章では，従来の研究の成果を整理し問題点を明らかにするために，行政学や公共政策学領域における協働の概念や協働に関する議論を概観する（第1節）。次に，日本において紹介されてきた協働事例の特徴についてまとめる（第2節）。

第1節　行政学・公共政策学領域における協働

　本節では，行政学・公共政策学領域における協働概念を紹介し（第1項），住民と行政との協働が注目されるまでに至る行政施策の時代的変化を概観する（第2項）。その後，本書における協働の定義を行い（第3項），協働の担い手や協働の段階（第4項），協働過程において経験される住民と行政との意識に関する研究知見を整理する（第5項）。

第1項　協働とは何か

　「協働（coproduction）」とは，行政学者 Ostrom（1977）が「地域住民と自治体職員とが協力して自治体政府の役割を担っていくこと」との意味で提唱した造語である。荒木（1990）は，Ostrom（1977）の理念を前提とし，「協働」を「地域住民と自治体職員とが水平的に協力・協調しつつ，自治体行政の役割を担っていくこと」と定義している。また，荒木（1990）は，協働の構成要素として，次の4点を指摘している。第1は，自治体政府が民主的自治の原則に則り，公共的サービスの生産，供給をしていくこと，第2は，消費者である市民の積極的な関与を通して行う生産が，自治体政府だけの判断による生産よりも生産性が高いこと，第3は，その生産過程への住民の参加とエネルギーの投

入とが可能になるような，住民と行政との関係環境を創造していくこと，第 4 は，住民と行政とのパートナーシップ（協力・協調関係）を確立し，自治の強化と自治体政府の活性化とを図っていくことである。

このように，協働は，1990 年代以降，行政学や公共政策学領域において注目され，協働のあり方が論じられてきた。協働が成功することによって，自治体の効率化に加え，市民や市民組織が新たな公共性を有し，豊かな市民社会が構築されると期待されている。

第 2 項　住民と行政との協働が注目されるまでに至る行政施策

日本において，住民と行政との協働は 1990 年代に注目され始めたが，協働が注目されるまでに至る住民―行政間関係や行政施策の時代的変化は，社会学や公共政策学領域において，以下の 3 期に分けて捉えられている（松野，2004）。

第 1 期は，1960 年代の経済開発を中心とした地域開発政策に対する異議申し立てとしての「市民運動」の時期である。具体的には，住宅問題や交通問題，重化学工業化に伴う環境問題などの生活環境の改善や救済を求める活動が展開された（佐藤徹，2005）。1971 年には自治省が「コミュニティ（近隣社会）に関する対策要綱」をまとめ，小学校区を単位にコミュニティ行政が展開された。佐藤滋（2005）は，1960〜1970 年代にかけて，生活環境の改善のためにコミュニティ協議会や連合自治会のような地域住民組織が立ち上がったと論じている。

第 2 期は，1970〜1980 年代の地域住民の政策的要望を反映させるための政策的装置としての「市民参加」の時期である。具体的には，住民からの首長に対する意見の具申や陳情，説明会や公聴会の開催要求などがなされた。同時に行政側も住民に参加を呼びかけるようになった。しかし，その参加の呼びかけは，行政側に政策遂行のための正当性を調達するという意味合いが存在しており，決定主体は行政にあり，住民に決定権限が開放されていなかったと指摘されている（清水，2006）。

第 3 期は，1990 年代以降の住民と行政との対等な関係構築を目指す「協働」の時期である。この時期では，それまでの行政や議会を補完するものとしての

市民参加から，行政任せではなく，住民が暮らしの中から課題を見つけ，住民と行政とで役割分担を行い協働で課題解決を図ること（世古，1999）が目指されている。1990年代以降では，1995年1月に発生した阪神・淡路大震災が，ボランティアや地域に対する自主的な取り組みの必要性を市民に高く認識させた。政策的には，非営利活動を行う団体に法人格が付与できる特定非営利活動促進法が施行（1998年）され，1999年には地方分権推進一括法が施行された。づづいて，2000年には，自治省が「市民活動団体（NPO）と行政のパートナーシップの在り方に関する研究報告」を提起し，その中に協働概念が盛り込まれ，新たな公共を担う存在として，市民活動団体が位置づけられた。また，地方分権推進委員会（2001）が，行政と住民の双方に向けて，自治を充実させるために，公私の「協働」を求める最終報告を行っている。

　以上のように，日本において協働が注目されるまでの行政施策は，市民運動や地域コミュニティ政策から，形式的な市民参加を経て，住民と行政との協働による課題解決へと時代的に変化してきたとまとめられる。

第3項　協働概念の問題点と本書における協働の定義

　第1項・第2項で指摘したように，協働は1990年代から日本において注目されてきた。しかし，協働概念のもつ問題点も指摘されている。例えば，今川・山口・新川（2005）は，協働の現状を総括し，協働は概念として明確に定まっておらず，中身も多種多様であると論じている。また，今川（2005）は，行政側が協働を，住民と行政との従来の垂直的関係の中に組み込み，住民を行政の下請けとして認識することから脱皮できていないと指摘している。換言すれば，協働概念が具体的でなく，さまざまな活動や内容が含まれているために，Ostrom（1977）が水平的な協力・協調関係を意味して提唱した理念と異なる活動も，協働という概念の中に含めて議論されている可能性が指摘されている。したがって，協働の実態がOstrom（1977）の提唱した理念と必ずしも一致していない可能性がある。

　協働概念が具体的でなく，現在行われている協働の実態が不明確であるという問題点をふまえて，本書では，協働と協働に類似して議論されることが多い「市民参加」との概念関係を，図1-1のように捉えることとする。

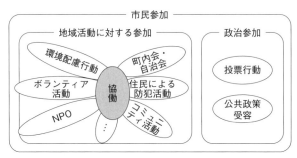

図 1-1　協働とその他の活動との概念関係

　市民参加は，コミュニティ心理学において，「共通目標を達成するために個人が報酬なしで参加している，あらゆる組織化された活動への関与（Zimmerman & Rappaport, 1988）」と定義され，地域活動に対する参加や，投票行動や公共事業に対する受容といった政治参加などを含む。このうち，地域活動に対する参加には，ボランティア，環境配慮行動，住民による防犯活動やコミュニティ活動，NPOなど，多くの具体的な活動に対する参加が含まれる。また，これらの具体的な活動の一部には，住民と行政とがともに関与している活動も含まれる。この住民と行政とがともに関与している活動は，協働に該当すると捉えられる。そこで，図 1-1 の概念整理に基づき，本書では，「協働」を「地域活動の中に含まれる具体的活動のうち，活動の計画や決定，評価，執行に住民と行政とがともに関与している活動」と定義する。

　この定義に従えば，協働の遂行には，「住民と行政とがともに関与している活動」に住民が参加していることが前提となる。しかし，地域住民が協働や地域活動への参加に対して，必ずしも積極的であるとは限らない。そこで，協働に対する住民個人の参加を規定する要因を検討する必要がある。

第 4 項　協働の担い手と協働の段階

　前項で定義を示した市民参加に関しては，市民参加の担い手や市民参加の段階に関する検討が行われている。協働は，市民参加の一部に含まれると捉えられることから（第 3 項），市民参加に関する知見は，協働にも適用可能であると捉えられる。そこで，本項では，市民参加の担い手となる住民組織と市民参

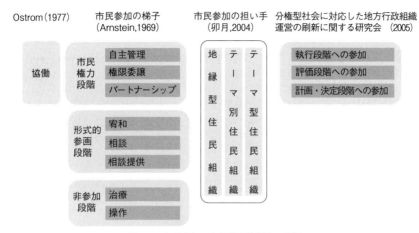

図1-2 市民参加の各段階と協働との関係

加の段階に関する従来の知見を概観し，協働への適用可能性について論じる。

市民参加の担い手となる住民組織について，卯月（2004）は以下の3つに類型化している。第1は，自治会や町内会などの「地縁型住民組織」であり，地域全体が会員で，行政とのパイプや下請け的性質を有する。第2は，NPOやボランティアグループなどの「テーマ別市民活動組織」であり，参加者の地域が限定されず，行政とのパイプや下請的性質は低い。第3は，まちづくり協議会やリサイクル推進協議会などの「テーマ型地域別住民組織」であり，特定テーマに関して行政との緩やかな連結・調整機能をもち，地縁型住民組織とテーマ別市民活動組織との混合的特徴を有している。これらの市民参加の担い手となる3つの住民組織類型は，協働の担い手の分類としても適用可能と予測される。

市民参加の段階については，Arnstein（1969）が，統治に対する市民参加の梯子を3段階8ステップ（非参加段階「操作」「治療」，形式的参画段階「情報提供」「相談」「宥和」，市民権力段階「パートナーシップ」「権限委譲」「自主管理」）に分類している。また，分権型社会に対応した地方行政組織運営の刷新に関する研究会（2005）は，住民と自治体との協働の段階を「計画・決定段階への参加」「評価段階への参加」「執行段階への参加」の3つに整理し，従来「協働」と呼ばれてきた活動は「執行段階への参加」が中心であったと論じて

いる。
　以上のように，市民参加の担い手や段階に関しては，理論的な検討に基づいて議論がなされてきた。これまでの理論的検討は図 1-2 のように整理される。第 1 項で紹介した，住民と行政との水平的な協力・協調関係を意味する協働の理念（Ostrom, 1977）に従えば，協働は，Arnstein（1969）による市民参加の梯子のうち「市民権力段階」に相当する活動と捉えられる。そのため，その他の市民参加の段階では，Ostrom（1977）の理念とは異なる活動になると捉えられる。このように，協働と呼ばれている活動であったとしても，市民参加の段階によって，協働の実態が理念から大きく異なることが予想される。

第 5 項　協働の過程における住民と行政との意識

　協働が，住民と行政との水平的な協力・協調関係を意味する協働の理念（Ostrom, 1977）に沿った活動であるか否かは，協働の過程における住民と行政の間，すなわち，協働の担い手間の意識を分析することで把握可能と捉えられる。協働の担い手間の意識に関しては，住民と行政との協働の事例を報告した社会学や公共政策学領域の研究の中で記述されている。
　例えば，木佐・逢坂（2003）は，住民が自由に参加できる会議を設け，白紙状態から道の駅建設を議論した北海道ニセコ町の事例を検討した。町職員と町民との相互作用の初期には，町職員は住民参加を悲観的に予測し，町民からも行政に対する不信感が噴出していたが，会議を重ね，協働が進展するにつれ，町民から建設的な提案や現実的意思決定が行われ，行政も住民参加の手応えを感じるようになったと報告している。
　野田（2003）は，行政が自治体職員と地域住民とにより構成される「おつきあい企画会議」を設置し，協働による公園管理を行った横浜市内の事例を参与観察した。その結果，行事を実施する際に，住民は「自分たちが企画から携わった主体的な行事」と捉えていたのに対し，自治体は「住民の主体的参加が不十分であり，住民に参加してもらっている行事」と捉えており，企画主体に関する両者の認識にズレが生じていたと論じている。さらに，自治体は住民に対して，責任体制の明確化や住民の主体性などの「自立」に関する期待を先有していたとも報告している。

これらの事例の共通点は，住民と行政との間に生じた，相手に対する不信や期待などの意識のズレが生じており，その意識のズレが協働の進展を阻害していたことである。こうした不信や期待などの意識のズレは，住民と行政との水平的な協力・協調関係が未構築な状態で生じると理解できる。また，木佐・逢坂（2003）の事例の後半には，住民と行政との間の意識が一致していた。この意識の一致は，住民と行政との水平的な協力・協調関係が構築された状態で生じると理解できる。このように，協働の遂行や進展は，住民と行政との間の意識，すなわち，住民と行政との相互作用の内容を検討することで把握可能と考えられる。

　しかし，従来の事例的研究には，問題点も残されている。従来の協働に関する事例報告は，単一地域内における住民と行政との意識や協働の進展に関する質的記述であった。そのため，地域特性や地域固有の問題など地域の特殊性が，研究結果に大きく影響していた。協働における地域の特殊性の影響を抑えるためには，地域間で横断的に協働の担い手間，すなわち，住民・行政双方の意識を把握することを通して，住民と行政との相互作用を分析することが必要である。それぞれの地域における住民と行政との相互作用の内容を地域間比較し，差異を変化として捉えることによって，協働の進展プロセスを実証的に検討することができると期待できる。そこで，本書では，協働の進展プロセスを実証的に理論化するために，複数の地域間で横断的に，協働に対する個人の参加（第3項・第4項）と，協働における住民と行政との相互作用の内容（本項）とに注目し，分析を進めていくこととする。

　この検討のために，次節では，これまでに報告されてきた日本における住民と行政との協働事例を概観し，住民と行政との協働の実態と，協働の進展を促進する要因とを整理する。

第2節　日本における住民と行政との協働事例に関する研究動向

　本節では，住民と行政との協働の実態と協働の進展を促進する要因とを整理するために，日本国内における住民と行政との協働事例が掲載された邦語論文を収集し，協働として扱われている事象や協働の進展プロセスの特徴を分析す

る。

第1項　分析方法

　国立国会図書館雑誌記事索引を用いて，2005年12月までに発行された雑誌を対象として，「協働」と「事例」の2語で検索を行った結果，計166件の記事がヒットした。このうち，日本国内の協働事例の記述があり，かつ，協働の担い手として行政が含まれている論文に限定し，最終的に78件の論文を分析対象とした。

第2項　分析の視点と評定方法

　「公刊年」「協働の内容」「協働の対象となる担い手」「協働の成否の記述」「協働の成功理由」に着目して，分析対象の論文を分類した。分類と評定は筆者によって行われ，「公刊年」「協働の成否の記述」は単一評定を行った。「協働の内容」「協働の対象となる担い手」「協働の成功理由」は，1論文中に複数の事例や協働の担い手が記述されている論文もみられたため，多重評定を行った。

第3項　結　果

　分析対象となった論文の書誌情報を資料1に示す。

1　公刊年

　分析対象とした論文の公刊年別件数を図1-3に示す。分析対象とした論文の

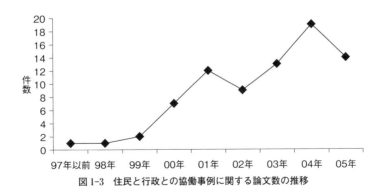

図1-3　住民と行政との協働事例に関する論文数の推移

表 1-1　協働の内容

〈市民の身近な生活環境（50件）〉		
環境 (11)	IT (2)	農業 (1)
環境緑化 (7)	地域保健福祉 (2)	図書館運営 (1)
景観 (3)	世代間交流 (2)	住宅供給 (1)
教育 (3)	環境教育 (2)	震災復興 (1)
省資源 (3)	演劇 (1)	子育て支援 (1)
区画整理 (3)	映画制作 (1)	公民館運営 (1)
防災 (2)	DV支援 (1)	除雪 (1)
〈まちづくり全般（30件）〉		
まちづくり (7)	条例制定・改正 (3)	情報システム監査 (1)
計画策定 (5)	行政評価 (3)	中心地活性化 (1)
しくみづくり (4)	NPO活動推進 (3)	政策提言 (1)
	外部委託 (2)	
〈その他（2件）〉		
多数の内容を横断的に記述 (2)		

注：( ) 内の数字は件数

公刊年別件数は，1990年以前には0件で，2000年までの報告件数は4件であった。2000年から2005年までは，順に7件，12件，9件，13件，19件，14件と，1年あたり10件を超える報告がなされていた。全体的にみると，2001年の地方分権推進一括法施行に対応して報告件数が増加し，2005年においても，協働事例の報告件数は増加傾向にあった。

2　協働の内容

協働の内容を表1-1に示す。協働の内容は，市民の身近な生活環境に関する内容が最も多く，その中でも，特に「環境」に関する報告件数が，全体で最も多かった。また，まちづくり全般に関する内容の中では，まちづくりや計画策定に関する報告が多かった。

3　協働の対象となる担い手

論文の中で，行政との協働の対象となっていた担い手を表1-2に示す。協働の担い手は，地域代表や住民代表などにより会を構成する「公募によらない協議会・委員会・会議 (22件)」「NPO (13件)」，広く住民全般を指す「住民一般 (11件)」，地域で活動をしている「住民組織・市民組織 (10件)」，公募により委員を募る「公募による委員会等 (10件)」などが多かった。また，「公

表1-2 論文中で言及されていた行政との協働の担い手

	件数
公募によらない協議会・委員会・会議	22*
NPO	13
住民一般	11
住民組織・市民組織	10
公募による委員会等	10
包括的に多数の担い手を想定	7
企業	5
有志市民会議	4
学校関係	3
労働者協同組合	1
市民運動団体	1
公認会計士	1
老人クラブ	1
青年会議所	1

注：*うち，自治会代表が7
注：1論文あたり複数の担い手のケースがあるので，合計は対象論文数と一致しない

募によらない協議会・委員会・会議」のうち7件が，自治会や自治会連合組織の代表者を含めて構成される会であった。

4 協働の成否

各論文における協働の成否に関する記述をみると，明確に「成功」と記載している論文は4件（5.1%）で，「成功」と「失敗」の両方を記載している論文は2件（2.6%）であった。また，明確に「成功」とは記載していないが，「今後の課題もあるが，『先進的』『先駆的』」などと，成功を示唆している論文が35件（44.9%）であった。成否の記述がない論文は37件（47.4%）であった。

協働の成功に関する記述があった論文のうち，協働の成功理由に相当する記述があった29論文について，その内容を分析した（表1-3）。その結果，「協働の場の存在」が最も多く，協働の場の存在により，出会いや信頼の形成，利害調整型議論への転換，互いに学びを深めることができたという記述があった。次いで，「行政側の意識改革・モティベーション」，「住民の意識改革」などが多く挙げられていた。

これらの結果をみると，協働の成功理由は，「協働の場の存在」「住民と行政

第 2 節　日本における住民と行政との協働事例に関する研究動向　13

表1-3　協働の成功理由

〈住民と行政との相互作用（19件）〉
　　協働の場の存在（14）
　　住民と行政との徹底した議論（2）
　　参加者間の連携や対等性（2）
　　トータルコーディネータの役割（1）
〈住民内要因（12件）〉
　　住民の意識改革（3）
　　市民組織（ボランティア・活動グループ）の活躍（2）
　　住民の主体的姿勢（2）
　　地域コミュニティ力（2）
　　住民リーダーのネットワーク拡大（1）
　　誰でもリーダーになれるような活動（1）
　　テーマ別にイベントを多数開催（1）
〈行政側要因（10件）〉
　　行政側の意識改革・モティベーション（5）
　　行政間の連携（2）
　　キーとなる行政職員（1）
　　市民の動きを行政が掘り起こした（1）
　　行政から市民への支援（1）
〈その他（5件）〉
　　協働のシステム（2）
　　メディアを使った情報共有（2）
　　民間の活力化（1）

注：（　）内の数字は件数

との徹底した議論」「参加者間の連帯や対等性」といった住民と行政との相互作用に関する内容と，「行政側の意識改革・モティベーション」「行政間の連携」などの行政内要因と，「住民の意識改革」「市民組織の活躍」「地域コミュニティ力」などの住民内要因とに大別された。このうち，住民と行政との相互作用に関する内容が特に多く報告されていた。

5　分析に用いた諸変数間の関係

論文化された協働事例の特徴を分析するために，協働の内容，協働の担い手，事例の報告者属性，協働の成否に関する記述のそれぞれの多重評定値に対し，数量化理論第Ⅲ類による分析を行った。ただし，評定件数が3件以下のカテゴリーについては，分析から除外した。数量化理論第Ⅲ類の分析の結果，固有値は第1軸が0.57，第2軸が0.54であった。第1軸のカテゴリースコアを横軸，

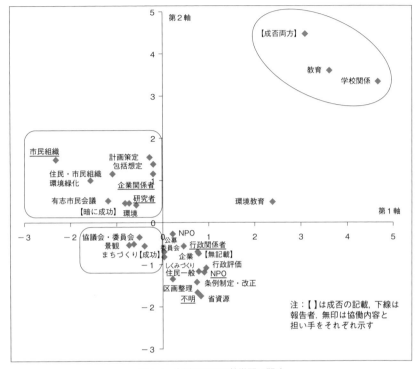

図1-4 事例における特徴間の関連

第2軸のカテゴリースコアを縦軸に布置したものが図1-4である。

その結果，第1象限には，協働内容として「教育」，担い手として「学校関係」，成否両面の記述がまとまって布置された．第2象限には，協働内容として「環境」「環境緑化」「計画策定」「包括想定」，担い手として「住民・市民組織」「有志市民会議」，報告者として「研究者」「市民組織」「企業関係者」，暗に成功を示唆する記載がまとまって布置された．第3象限には，協働内容として「景観」「まちづくり」，担い手として「協議会・委員会」，成功に関する記述がまとまって布置された．第4象限には，協働内容として「行政評価」「条例制定・改正」「しくみづくり」「区画整理」「省資源」，担い手として「公募委員会」「NPO」「住民一般」「企業」，報告者として「行政関係者」「NPO」「不明」，成否に関する無記載が布置された．これらの布置をみると，第1象限に

布置された，学校関係者との協働で教育に関わる事例では，成否両面が記載されていた。第2象限に布置された，研究者等によって報告され，環境や計画策定に関わる事例では暗に成功を示唆する記述が多いことが示された。また，第3象限に布置された，公募によらない協議会や委員会との協働で，景観やまちづくりに関する事例では成功に関する記述が多かった。第4象限に布置された行政関係者等によって報告され，公募委員会やNPOとの協働で行政評価やしくみづくりに関する事例では，成否に関する記載がみられないことが明らかとなった。

第3節　本章のまとめ

　協働は，概念が具体的でないために，協働の実態が住民と行政との水平的な協力・協調関係を意味する理念（Ostrom, 1977）と異なった活動になる危険性を含んでいた（第1節第3項）。また，協働と呼ばれている活動であったとしても，市民参加の段階によって，協働の実態が理念と異なることが議論されていた。さらに，協働の担い手間の意識のズレによって協働の進展が阻害されることが議論されてきた（第1節第5項）。

　協働に関する研究は，行政学や公共政策学における協働のあり方に関する理論的な検討（第1節第1項・第3項・第4項）や，公共政策学や社会学領域における協働の担い手間の意識や協働の進展に関する単一地域内の事例記述が中心であった。そのため，協働に対する住民個人の参加を規定する要因について，検討されていなかった（第1節第3項）。また，地域特性や地域固有の問題など地域の特殊性が，研究結果に大きく影響していた（第1節第5項）。地域の特殊性が協働に与える影響を抑えるためには，地域間で横断的に協働の担い手間の意識を把握することを通して，住民と行政との相互作用の内容を把握する必要があった。その上で，それぞれの地域における住民と行政との相互作用の内容を地域間で比較し，差異を変化と捉えることによって，協働の進展プロセスを実証的に検討することが期待された（第1節第5項）。

　協働に関する事例を整理したところ，報告数は地方分権推進一括法の制定と対応して増加していた。協働内容は多様であったが，特に「環境」に関する内

容が多く報告されていた。協働の成功理由としては，住民内要因や行政内要因よりも，住民と行政とが協働の場を設けるなどの住民と行政との相互作用に関する内容が多く報告されていた（第2節）。

第 2 章　協働に関連する心理学的研究

　本書では，住民と行政との協働を対象として検討を行うが，協働における個人の参加を規定する要因に関する実証的研究がみられないため，検討対象を協働の上位概念である市民参加に拡大して（図 1-1 参照），研究知見を概観し，協働の規定因を推定する。本章では，協働における個人の参加を規定する要因を推定するために，地域活動や地域活動の具体的内容に関する研究を概観する（第 1 節〜第 3 節）。なお，この規定因の推定にあたっては，地域活動に対する参加以外の市民参加の形態である，投票行動や公共事業に対する受容などの政治参加に関する知見も概観し（第 4 節），広く住民と行政との協働に関わる社会心理的要因を整理する（第 5 節）。

第 1 節　地域活動への参加

　地縁的な活動やボランティアなどの地域活動全体への参加に関しては，従来，コミュニティや地域に関する世論調査において，地域活動の実態把握がなされてきた。また，1990 年代以降は，社会科学の各領域において地域参加の帰結に関する研究が展開されている。

第 1 項　世論調査

　内閣府の世論調査では，地域で行われている活動やボランティアや NPO などへの参加経験は約 1 割程度であるが，参加への意向は強く，参加経験者は活動内容に関わらず，「地域のさまざまな人とのつながりができた」と回答した割合が最も高いと報告されている（内閣府，2004，2007）。また，内閣府（2007）は，既婚者ほど，子どもがいるほど，居住年数が長い（5 年以上）ほど，持ち家一戸建てに住んでいるほど，それぞれ地域活動への参加が高まると

いう，人口統計学的変数による地域活動への参加の差異を報告している。

このように，地域活動への参加に関する研究では，婚姻状況や家族形態や居住形態などの人口統計学的変数により地域活動参加率が異なり，近隣関係や地域とのつながりなどのネットワークが多いほど，地域活動への参加の規定力が強いことが明らかにされてきた。

地域活動への参加に関する研究知見を協働に敷衍すると，婚姻状況，家族形態，居住年数，居住形態などの人口統計学的変数と，近所づきあいや地域活動への参加の程度などの地域における社会的活動性とが，協働への参加に影響する可能性がある。

第2項　地域活動への参加の帰結

地域活動への参加に関する研究においては，社会学やコミュニティ心理学領域において，その効果や帰結について検討がなされている。本項では，近年注目が集まっている社会関係資本と集合的効力感，エンパワメントを取り上げ，市民参加の帰結について整理する。

1990年代以降，「社会関係資本（social capital）」概念に注目が集まり，社会科学の各領域において地域参加に関する研究が展開されている。社会関係資本は，「協調的行動を容易にすることにより社会の効率を改善しうる信頼，規範，ネットワークのような社会的組織の特徴（Putnam, 1993）」と定義され，こうした社会的組織の中で相互作用することで生まれるものが「一般化された互酬関係」規範であると捉えられている（Putnam, 2000）。Putnam（1993）は，個人が人を信頼するようになるのは，社会的規範とネットワークのためと捉え，一般化された互酬関係と市民活動への参加の水平的ネットワークが，離反しようとするインセンティブを低め，不確実性を低減し，将来へ向けての協力のモデルを提供することで，社会的信頼と協力とを促進すると主張している。内閣府国民生活局市民活動推進課（2003）は，Putnam（1993, 2000）が指摘した，ネットワーク，社会的信頼，互酬関係をそれぞれ，近隣でのつきあいと友人知人との交流，一般的信頼と友人知人への期待・信頼，地縁的活動や社会的活動への参加として測定し，NPOや市民活動への参加との関連を分析している。その結果，ネットワーク，社会的信頼，互酬関係それぞれの各指標が高いほど，

市民活動への参加が高まっていた。また，NPO や市民活動への参加者は，多様な人々との交流やつながりが広がっていたことから，NPO や市民活動への参加が社会関係資本の培養に寄与していく可能性があると指摘している。さらに，内閣府国民生活局市民活動推進課（2003）は，社会関係資本の構成要素を主成分分析によって 1 つの指標とし，国民生活関連指標との関連を検討した。その結果，社会関係資本が高いほど，失業率や犯罪認知件数が低く，出生率が高く平均余命が長いというマクロな効果も明らかにしている。

集合的効力感（collective efficacy）は，Sampson, Raudenbush, & Earis (1997) によれば，共通善のため行動を生じさせようとする近隣住民間の社会的凝集性を意味する用語として用いられている。Sampson et al. (1997) の実証研究では，集合的効力感の高さは，地域レベルでの知覚された暴力行為や被害経験，殺人事件数を抑制することが明らかにされており，この効果は，個人の社会的凝集性が非公式の社会的統制を強めたために，暴力行為や被害経験，殺人事件数を低下をもたらしたと考察されている。

エンパワメント（empowerment）は，個人や集団が自らの生活への統制感を獲得し，組織的，社会的，構造に影響を与えられるようになることを意味する用語である（Zimmerman & Rappaport, 1988）。Zimmerman (2000) によると，エンパワメントには個人，組織，コミュニティの各次元が想定され，エンパワーされるプロセスと結果についてそれぞれの内容を整理している。

このように，社会関係資本や集合的効力感，エンパワメントの各概念を整理すると，個人の市民参加によって得られる帰結が，個人の状態だけでなく，組織やコミュニティといった地域全体に対するマクロな成果，すなわち集合的視点での帰結を理論化していた。この知見は，行政と住民との協働についても，個人が行政との協働に関与することによって，地域全体に対してマクロな効果が生じると理論化できる。このことは，荒木（1990）による「自治の強化」などの行政学領域における論考と対応した知見と考えられる。

第 2 節　ボランティア参加

ボランティア参加に関する研究では，援助研究を発展させた量的データに基

づく研究と，ボランティア組織の活動を参与観察した質的データに基づく研究とが行われている。

　量的データに基づく研究では，ボランティアへの参加が，被援助者を自分と関わりのある存在として捉えたり，自分を多少犠牲にして他者を援助しようしたりする，他者志向的な動機に基づくことが多い（高木・玉木，1996）ことが報告されている。また，ボランティアに参加することが，参加者自身に何らかの効果（援助成果：高木，1997）を与え，その成果や社会への効果を高く認識するほど，ボランティアに対する肯定的態度を形成し，活動を継続しようとすること（妹尾・高木，2003）が明らかにされている。質的データに基づく研究では，ボランティアにおける組織運営において，成員や下位団体との情報交換が重要であることが報告され，行政などの他機関との相互作用やボランティア組織の拡大の仕方が，組織によって異なることが考察されてきた（渥美・杉万・森・八ッ塚，1995など）。

　ボランティア参加に関する知見を協働に敷衍すると，他者志向的な個人特性が協働への参加に影響を与え，協働への参加の結果，協働に対する態度の変化などの個人内における参加成果が生じる可能性が示唆される。また，協働の担い手である住民組織によって，住民と行政との相互作用の内容や住民組織の活動展開が異なると推定される。

第3節　環境配慮行動

　環境配慮行動に関する研究文脈では，Fishbein & Ajzen（1975）の合理的行動理論（theory of reasoned action）を応用した研究が行われている。合理的行動理論において，行動の直接の規定因は，行動意図（behavioral intention）と捉えられ，当該行動に対する態度と，当該行動が他者からどの程度期待されているかに関する判断である主観的規範とによって，行動意図が規定されるモデルである。本節では，合理的行動理論を応用・展開した，要因連関モデル（広瀬，1994）と，Prototype/Willingness モデル（Gibbons, Gerrard, & McCoy, 1995; Gibbons, Gerrard, Blanton, & Russell, 1998）とを紹介し，それぞれの研究文脈における実証的知見を整理し，協働の規定因を推定する。

第 3 節　環境配慮行動

表 2-1　要因連関モデルに基づく研究例

研究例	内容	従属変数	規定因
安藤・広瀬（1999）	環境ボランティア	活動継続意図	組織への帰属意識 主観的規範 コスト評価
		積極的活動意図	組織への帰属意識 主観的規範
野波・加藤・池内・小杉（2002）	河川環境保全	個人の行動意図	一般的態度 リスク認知 コスト評価 主観的規範
		集団の行動意図	河川に対する愛着 主観的規範
加藤・池内・野波（2004）	河川環境保全	行動意図	社会規範評価 便益・費用効果 河川への愛着, 河川に対する保全の態度
杉浦・大沼・野波・広瀬（1998）	リサイクル行動		環境ボランティアの活動水準が高まると，活動の実行可能性評価と，近隣住民からリサイクルに対して受ける規範的影響の程度とが高まり，住民のリサイクル行動が高まる

第 1 項　広瀬（1994）の要因連関モデル

　広瀬（1994）による要因連関モデルは，合理的行動理論を参考にして，環境配慮行動を説明するために提唱されている。このモデルは，環境配慮行動の意思決定を，環境にやさしい態度の形成である目標意図の形成と環境配慮的な行動意図の形成との 2 段階から捉え，環境問題に関するリスクや責任帰属，対処有効性の認知が態度に影響し，環境配慮行動の実行可能性や便益・費用，社会規範の評価が行動意図に影響すると理論化している。

　このモデルを援用した研究例を表 2-1 にまとめる。

　要因連関モデルに基づく研究知見は，3 つに大別される。第 1 に，環境配慮行動に関する行動意図は，環境問題に対する認知や評価などの態度に加えて，他者からの期待に関する主観的認知である主観的規範や組織への帰属意識など，

対人関係や所属集団に関する要因によっても規定されている（安藤・広瀬，1999；野波・加藤・池内・小杉，2002；加藤・池内・野波，2004）。第2に，集団の活動意図は，地域に対する愛着や態度といった情緒的要因によって規定されている（野波ら，2002；加藤ら，2004）。第3に，地域内の環境ボランティアの活動水準によって，活動の実行可能性評価や周囲からの影響の程度に地域内差がみられる（杉浦・大沼・野波・広瀬，1998）。

　要因連関モデルに基づく知見を協働に敷衍すると，環境問題に対する認知や評価は協働に対する態度と捉えなおすことができる。同様に，主観的規範は，他者との対人関係から生じる規範であることから，地域における対人関係や活動性に起因する要因と，また，所属集団への意識や地域に対する愛着は地域に対する態度と，それぞれ捉えなおすことができる。したがって，協働に対する個人の参加には，協働に対する態度と，地域における活動性と，地域に対する態度とが影響すると推定される。また，環境活動団体の活動水準による地域内差に関する知見を協働に適用すれば，協働の活動水準によって地域間で地域住民全体の態度に差が生じている可能性が推定される。

第2項　Prototype/Willingness モデル

　Prototype/Willingness モデル（Gibbons, et al., 1995; Gibbons, et al., 1998）は，リスク行動に関するモデルであり，合理的行動理論に加えて，リスク行為者に対する社会的イメージであるプロトタイプと，計画（熟慮）に欠けた behavioral willingness との2つが行動期待（behavioral expectation）を媒介し行動を規定する，非合理的な意思決定過程をもモデル化している。このモデルをもとに，大友（2004）はペットボトル分別行動の規定因を検討している。その結果，合理的過程では，回答者の主観的規範の影響が大きく，非環境配慮行為者を思慮深く，よく考えて行動しているとイメージしている者ほど，分別に対する行動期待が高いことが報告され，非合理的過程では，非環境配慮行為者に対する面白さやかっこよさといった外見的イメージが高い者ほど，分別に対する行動期待が高いと報告された。このように，Prototype/Willingness モデルに基づく研究では，合理的過程と非合理的過程とに共通して，行為者に対するプロトタイプ，すなわち，行為者に対するイメージに基づく認知や判断が，

当該行動に対する行動期待に影響を与えることが明らかにされている。

Prototype/Willingness モデルに基づく知見を協働に援用すると，協働の担い手に対するイメージが協働に対する行動期待に影響を与えると推定される。

第4節　政治参加

協働の規定因に関する研究が少ないため，投票行動の規定因や，国や行政が行う事業に対する受容意識に関する研究を概観し，協働に影響を与える要因を探索する。

投票行動に関する研究例として，飽戸（1970）は，あいまいで漠然とした認知であるイメージを，行動への準備状態変数のひとつとして捉え，世論調査の結果をもとに，政治や社会に対するイメージが，政党に対する評価や政党支持を形成すると仮説化している。池田（1997）は，有権者が政党に対して，能力，実績，行動志向などを含む行動主体としてのスキーマを有していることを実証し，政党スキーマが投票行動を規定することを報告している。また，投票行動は，社会的属性よりも，対人環境の政治色が等質的であること，すなわち，等質な情報環境下において好意的な政治情報のバイアスがかかることによって影響を受けることを実証した（池田，1997，2007）。また，Almond & Verba（1963）は，国際比較調査によって，「個人が政治過程に影響力をもつ」という政治に対する有効性感覚の高い者ほど，自治体の有益性を高く認知し，活発な政治活動を行うことを明らかにしている。Adorno, Frankel-Brunswik, Levinson, & Sanford（1950）は，臨床的面接を通して，人間を外面的基準によって区別し，偏見を抱きやすく，権力を求めやすい権威主義傾向を有する者ほど，権威に服従し保守的な政治行動をとると論じている。これらの研究知見は，政治に対するイメージなどのあいまいな認知や，対人環境におけるネットワーク，政治への効力感や権威主義傾向などの個人特性が，それぞれ，投票行動に影響を与えることを示している。

国や行政が行う事業に対する態度に関する大渕らの一連の研究では，社会的公正理論に基づき，国に公正感を感じるほど，国に対して肯定的態度を形成するという「公正の絆仮説」を立て，この仮説を実証している（大渕，1991；大

渕・福野，2003；大渕・福野・今在，2003）。藤井（2005）は，公共事業に対する受容意識に関するシナリオ実験を行い，行政に対する信頼が公正感や公共利益増進期待を媒介し，受容意識を高めることを実証した。また，行政への信頼が，直接受容意識を高める場合と，自由侵害感を高め受容意識を低下させる場合とがあることを明らかにした。青木・鈴木（2005）は，社会資本整備に対する市民の態度を検討し，情報開示が十分な状況では事業の妥当性と手続き的公正とが賛否の態度形成要因となるのに対し，情報開示が不十分な状況では，事業の妥当性に加え，事業主体への信頼感や事業に対するイメージによって賛否の態度が形成されることを示している。これらの研究知見を整理すると，公共事業への受容意識は，機関や事業に対する公正さの評価に加えて，機関に対する期待や信頼や，機関や事業に対して事前に抱いている態度やイメージに規定されていた。

　政治行動に関する研究で用いられた概念を，協働における概念に援用すると，対人環境におけるネットワークは地域におけるネットワークや社会的活動性に対応づけられる。また，国への公正評価は行政に対する評価に，機関に対する期待や信頼は協働の担い手に対する期待やイメージに，それぞれ対応づけられる。したがって，政治行動に関する知見を協働に敷衍すると，地域における社会的活動性や，行政に対する評価や，協働の担い手に対する期待やイメージが，協働への個人の参加に影響を与えていると推定される。

第5節　協働における社会心理学的視点

第1項　協働に対する個人の参加を規定する要因

　第1節から第4節で概観した，市民参加や政治行動に関する研究知見を協働に展開すると，協働に対する個人の参加には以下の6つの要因が影響すると整理される。第1は，行政と協働することに対する態度や協働の内容に対する態度（第3節第1項）などの，協働に対する態度である。第2は，住民からみた協働の担い手，すなわち行政に対するイメージ（第3節第2項，第4節）や期待（第4節）などの，協働の担い手に対する態度である。第3は，地域への愛

着など（第3節第1項）の地域に対する態度である。第4は，近所づきあいや地域活動への参加の程度（第1節）や対人環境におけるネットワーク（第4節）などの地域における社会的活動性である。第5は，婚姻状態，家族形態，居住年数，居住形態など（第1節）の人口統計学的変数である。第6は，他者志向性（第2節）や権威主義傾向（第4節）に代表される，個人の性格や価値規範などの個人特性である。

　また，ボランティアに関する研究知見では，参加によって，個人が何らかの成果を得て，活動に対して積極的になるという個人内変化が報告されていることから（第2節），協働への参加の結果として，協働に関わる個人の意識に変化が生じる可能性も予想される。

第2項　協働の活動水準と相互作用の進展

　ボランティアに関する研究では，活動団体によって当該ボランティア組織と他機関との相互作用の内容や活動展開が異なることが議論され（渥美ら，1995），環境ボランティアの活動水準により，活動や活動への態度に地域内差があることが明らかにされてきた（杉浦ら，1998）。また，地域活動への参加の帰結に関する研究においては，組織やコミュニティといった地域全体に対するマクロな成果が生じることが検討された。これらの知見を協働に敷衍すると，地域の協働の活動水準によって，当該地域における住民と行政との相互作用の内容や協働の活動展開が異なると考えられるため，協働に関わる地域住民全体の意識に地域間差が生じると予測される。したがって，協働の活動水準別に検討地域を位置づけることができれば，協働に対する個人の参加を規定する要因と，協働における住民と行政との相互作用とを，地域間で横断的に比較し，協働の活動水準による変化と捉えることによって，両者を含めた協働の進展プロセスを理論化ができると期待される。

第3章　本書全体の目的

　本章では，第1章において概観した住民と行政との協働に関する従来の研究における問題点を整理し，それらの問題点を解決するために用いる本書のアプローチについて述べる（第1節）。次に，本書において検討を行う目的を述べ，具体的な検討方法を記述する（第2節）。

第1節　先行研究の問題点と本書のアプローチ

　行政学や公共政策学領域における「協働」に関する研究は，協働のあり方を理論的に検討することが課題とされてきた。その結果，協働概念が具体的でないために，市民参加の段階や，住民と行政との間の相互作用の内容によって，協働の実態が異なり，Ostrom（1977）が住民と行政との水平的な協力・協調関係を意味して提唱した理念と異なる活動になる危険性が論じられてきた（第1章第1節）。また，公共政策学や社会学領域において報告されてきた協働事例は，単一地域内における協働の担い手間の意識や協働の進展に関する質的記述が中心に検討が行われてきた（第1章第1節第5項，第1章第2節）。

　これらの先行研究には，2つの問題点があると捉えられる。第1の問題点は，従来の協働事例に関する報告が，単一地域内における住民と行政との相互作用や協働の進展に関する質的記述にとどまっていたため，地域の特殊性が研究結果に大きく影響していた点である。そのため，先行研究では，協働に関する地域に共通して適用可能な知見の実証的検討が不十分であった。地域の特殊性が協働に与える影響を抑えるためには，複数地域において，協働の担い手間の意識の把握を行い，住民と行政との相互作用を分析する必要がある。その上で，検討地域間で住民と行政との相互作用を横断的に比較し，差異を変化として捉えることによって，協働の進展プロセスを実証的に検討することが必要である。

第2の問題点は，従来の研究が協働のあり方に関する理論的検討や事例報告が中心であったため，協働に対する個人の参加や協働の進展を促進・阻害する規定因に関する実証的および心理学的検討は行われていない点である。

第1の問題点を解決するために，本書では，地域を協働の活動水準別に位置づけ，協働の担い手間の意識や住民と行政との相互作用を地域間で比較するアプローチを採用する。このアプローチによって，それぞれの地域における，協働に関わる意識や協働への参加を規定する要因と，住民と行政との相互作用の内容とが分析可能となる。これらの分析結果を地域間で比較し統合すれば，地域に共通して協働に対する個人の参加を規定する要因と，協働の活動水準によって変化する地域全体の住民意識や協働に対する参加を規定する要因と，住民と行政との相互作用の変化とを統合し，協働の進展プロセスを理論化することできると期待される。本書では，杉浦ら（1998）を参考にして，協働の活動水準は，住民と行政との協働を開始してからの期間により区分する（第6章で詳述）。

第2の問題点を解決するために，本書では，市民参加に関する研究を援用して，協働に対する住民個人の参加を規定する要因を，心理的要因を含めて実証的に検討するアプローチを採用する。住民と行政との協働は，開始されている地域と開始されていない地域とがあり，地域間で協働に対する住民の認知度にばらつきが予想される。合理的行動理論や要因連関モデルにおける結果変数は，実際の行動と当該行動に対する行動意図とであった（第2章第3節第1項）。さらに，要因連関モデルにおいては，実際の行動と当該行動に対する積極的な態度である目標意図と行動意図とを，区別して検討を行っていた（第2章第3節第1項）。そこで本書では，合理的行動理論や要因連関モデルに関する知見をふまえて，協働の指標として，実際の協働経験に加え，協働に対する積極的態度と行動意図とをあわせた変数として協働意図を位置づけ，検討を行う。第2章第5節において協働の規定因として整理された変数のうち，協働に対する態度は，協働に対する積極的態度であり，協働意図に含まれると捉えられる。本書では，協働の規定因として，第2章第5節で整理された要因に従い，以下の6つを取り上げて検討を行う。第1は，協働に関する態度であり，本書では協働意図として検討する。第2は，協働の担い手に対する態度であり，協働の

担い手に対する期待とイメージとを取り上げる。第3は，地域に対する態度であり，地域への愛着（加藤ら，2004）に加え，地域における政治行政への意識を取り上げる。第4は，地域における社会的活動性であり，地域における所属組織数と近所づきあいの程度とを取り上げる。第5は，人口統計学的要因である。第6は，個人特性であり，他者志向性（高木・玉木，1996）に加え，権威主義傾向（Adorno et al., 1950）などを探索的に取り上げて検討を行う。

　さらに，第1の問題点と第2の問題点との双方を解決するために，本書では，協働の担い手間の「期待」概念を用いるアプローチを採用する。従来の研究では，協働の担い手に対する期待などの意識のズレによって，協働の進展が阻害されることが指摘されてきた（第1章第1節第5項）。また，心理学において「期待」は，社会的態度の一部と捉えられ，期待者自身の行動を調整させる機能（Allport, 1950; Darley & Fazio, 1980）と，期待によって被期待者の集団内における影響力を増大させる機能（Berger, Rosenholtz, & Zelditch, 1980）とをもつことが実証されている。これらの機能を，協働における相互作用に拡張することにより，協働における，行政から住民への態度と住民から行政に対する態度とが分析可能になり，協働における住民と行政との相互作用の内容を，同一の観点を用いて実証的に検討することが可能になると考えられる。さらに，政治参加に関する研究文脈からは，協働に対する個人の参加の規定因として，協働の担い手に対する期待が推定された（第2章第4節）。したがって，協働の担い手間の期待概念を用いることによって，住民と行政との相互作用と協働に対する個人の参加を規定する要因とを同時に分析することが可能になると期待される。

　以上のように，本書では，地域を協働の活動水準別に位置づけ地域間比較を行うアプローチ，市民参加に関する研究を援用し，協働に対する住民個人の参加を規定する要因を検討するアプローチ，協働の担い手間の「期待」概念を採用し，住民と行政との相互作用と協働に対する個人の参加とを分析するアプローチの計3種のアプローチを用いて，協働の進展プロセスを理論化する。

第2節　本書の目的

本書では，協働の担い手（住民・行政）間の期待という観点から，以下の2つの目的について検討する。本書の第1の目的は，協働の活動水準別に地域を位置づけ，協働の担い手間の意識を把握することを通して，住民と行政との相互作用の内容を分析することである。第2の目的は，協働の活動水準が異なる地域ごとに，住民と行政との協働に対する住民個人の参加を規定する要因を明らかにすることである。第1と第2の目的を達成することを通して，最終的に，協働の活動水準別に位置づけた地域を地域間で比較を行い，協働の進展プロセスを理論的にモデル化し，そのモデルの有効性を検証することを目標とする。

具体的には，第Ⅱ部の第4章・第5章において，大学生や成人に対する調査を通して，行政に対する住民の期待に関する測定枠組を作成する。第Ⅱ部の第6章では，協働の進展段階の異なる3地域において，協働における住民と行政との相互作用を分析し，第Ⅱ部の第7章では，第6章で分析した地域のうち2地域を対象にして，協働に対する住民個人の参加を規定する要因を分析する。第Ⅲ部の第8章では，第6章と第7章における知見を協働の進展段階の観点から地域間で比較を行い，協働の担い手の意識や住民と行政との集団間相互作用の変化を協働の進展プロセスとして理論化する。第Ⅲ部の第9章では，協働の進展プロセスモデルの応用可能性について検討する。

第Ⅱ部　実証的検討

第4章　行政に対する住民の態度に関する予備的検討
【研究1】大学生の自治体職員イメージ
【研究2】大学生における自治体職員イメージの規定因
【研究3】自治体職員に関する新聞記事の言説分析
第5章　行政に対する住民の期待に関する検討
【研究4】自治体職員に対する期待とイメージ
【研究5】自治体職員に対する期待と協働意図・経験
第6章　協働における住民と行政との相互作用に関する定性的検討
【研究6】協働前地域における自治体職員の意識の検討
【研究7】協働初期地域における防犯活動関与者の意識の検討
【研究8】協働進展地域におけるコミュニティ活動関与者の意識の検討
第7章　協働に関する参加および参加に伴う意識変化に関する定量的検討
【研究9】協働初期地域における協働および防犯活動への参加を規定する要因の検討
【研究10】協働進展地域における協働およびコミュニティ運営への参加を規定する要因の検討
【研究9・研究10の比較】協働の進展に応じた住民意識の比較

第4章　行政に対する住民の態度に関する予備的検討

　行政に対する住民の期待については，藤井（2005）において部分的に検討されてきたが，行政に対する期待の全体構造に関する検討はなされてこなかった。また，行政に対する期待は，行政に対する具体的で明確な態度であると捉えられるため，必ずしも住民全員が，行政に対して明確な態度を抱いているとは限らない。

　政治行動に関する研究文脈においては，政治に対するあいまいで漠然とした態度であるイメージが，政治に対する具体的な態度である，政党支持や投票行動に影響を与えることが議論されてきた（第2章第4節）。イメージは，行動の準備状態変数のひとつであり，当該対象に対するあいまいで漠然とした認知と捉えられている（第2章第4節）。これらの知見を行政に対する態度に援用すると，行政に対するあいまいで漠然とした態度であるイメージが，行政に対する具体的な態度である行政に対する期待の基盤にある可能性が示唆される。

　そこで本書では，行政に対する期待の構造を検討する前段階として，行政に対するイメージについて予備的に検討する。具体的には，行政の担い手である自治体職員イメージを検討する。しかし，自治体職員イメージについては，世論調査や評論などにおいて部分的に検討されているものの（総理府広報室，1973；三宅・福島，1975；地方自治研究資料センター，1977，1980；人事院，2002など），行政に対する期待と同様に，その全体構造については，明らかにされていない。

　本章では，行政に対する期待の構造を検討する基礎資料を収集するために，行政に対する期待の基盤にあると捉えられる自治体職員イメージの構造とその規定因を分析する。

第 1 節　大学生の自治体職員イメージ（研究 1）

第 1 項　目　　的

　自治体職員（地方公務員）に対するイメージ項目を収集し，探索的に自治体職員イメージの構造を検討することを目的として，予備面接調査と本調査とを行った。

第 2 項　予備面接調査

　自治体職員イメージの項目を収集するため，半構造化面接法を用いて，予備面接調査を行った。対象者は，大学生 3 名（平均年齢 21.0 歳），および，地方公務員 2 名（平均年齢 53.5 歳）であり，1 対象者あたりの面接時間は，約 60 分であった。聴取内容を筆者が分類したところ，自治体職員の「仕事」に関するイメージと「組織（役所）」に関するイメージと「人柄」に関するイメージとの 3 側面に分類された。

第 3 項　方　　法

1　調査時期

　2002 年 9 月。

2　調査対象

　大学生 387 名（男性 169 名，女性 218 名，平均年齢 19.5 歳）。

3　調査方法

　個別記入方式の質問紙調査。

4　調査項目

　（1）性別・年齢・学年

　（2）自治体職員の仕事に関するイメージ項目（39 項目）

　（3）自治体職員の組織に関するイメージ項目（23 項目）

　（4）自治体職員の人柄に関するイメージ項目（47 項目）

　自治体職員イメージに関する項目は，予備面接調査によって得られた「仕

事」「組織」「人柄」の3側面ごとに，予備面接調査における被面接者の陳述内容のほか，総理府広報室（1973），三宅・福島（1975），地方自治研究資料センター（1977，1980），人事院（2002）などを参考に作成した。各自治体職員イメージに関する項目は，「1．全くあてはまらない」～「5．よくあてはまる」の5件法で回答を求めた。

第4項　結　　果

「仕事」「組織」「人柄」の側面ごとに因子分析を行った（主成分解，直接オブリミン回転）。

「仕事」側面に関して，いずれの因子にも .40 以上の負荷を示さない項目や，複数の因子に負荷の高い項目を除き，最終的に 37 項目について因子分析を行い，解釈可能性から3因子を抽出した（回転前累積寄与率 42.3％，表 4-1）。

第1因子は，地方公務員の仕事に対して，重複が多く型通りで権威的であるというイメージを抱いているかどうかを表す次元と解釈され，「定型的仕事」と命名された。第2因子は，地方公務員の仕事に対して，公共の利益を志向していて社会的責任が大きいというイメージを抱いているかどうかを表す次元と解釈され，「公共的仕事」と命名された。第3因子は，地方公務員が仕事や労働の面で待遇がよいというイメージを抱いているかどうかを表す次元と解釈され，「よい労働条件」と命名された。

「組織」側面に関して，「仕事」側面と同様に因子分析を行い，解釈可能性から3因子を抽出した（回転前累積寄与率 53.8％，表 4-2）。

第1因子は，公務員の組織に対して，公共の利益を志向し，公正を尽くしているとのイメージを抱いているかどうかを表す次元と解釈され，「公共的組織」と命名された。第2因子は，公務員の組織に対して，なわばりがありセクト主義に陥っているイメージを抱いているかどうかを表す次元と解釈され，「硬直的組織」と命名された。第3因子は，公務員の組織に対して，市民を権力的に従わせようとするイメージを抱いているかどうかを表す次元と解釈され，「権力的組織」と命名された。

「人柄」側面に関して，「仕事」側面と同様に因子分析を行い，最終的に 38 項目について因子分析を行い，解釈可能性から3因子を抽出した（回転前累積

表 4-1　自治体職員の「仕事」イメージに関する因子分析結果（因子パターンと因子間相関，主成分分解・直接オブリミン回転）

	F1	F2	F3	M
F1：定型的仕事（$\alpha=.89$, $M=3.53$）				
ならわしに従って仕事をする	.73	－.17	.17	3.87
仕事にはきまった手順書がある	.72	－.08	.13	3.62
仕事は上役から一方的に決められている	.71	－.21	.09	3.65
市民を従わせる仕事が多い	.71	.17	－.15	2.74
決まったことを繰り返すような仕事である	.65	－.30	.02	3.77
一般の市民が口出しできない仕事が多い	.65	.10	－.14	3.21
あれこれ市民に対して口出しする仕事が多い	.65	.18	－.12	2.83
仕事は比較的単純で繰り返しの多いものである	.64	－.31	.08	3.72
仕事はあらかじめはっきり決められている	.59	－.13	.28	3.93
面倒な仕事を避ける	.59	－.30	.11	3.02
お上の仕事である	.59	.25	－.09	3.18
上司の仕事，部下の仕事はきちんと分けられている	.55	.06	.13	3.44
形式的に仕事を処理する	.52	－.19	.06	4.22
許可や認可を与える仕事が多い	.46	.26	－.08	3.82
定時に仕事を終える	.43	－.19	.36	4.04
細かな仕事の分担が決められている	.42	.11	.21	3.43
F2：公共的仕事（$\alpha=.89$, $M=2.81$）				
市民に尽くすような仕事が多い	－.07	.78	.08	3.05
社会的貢献度の高い仕事である	－.17	.72	.11	3.33
仕事のスケールが大きい	－.03	.68	－.07	2.46
市民の訴えに耳を傾けて仕事を実行する	－.31	.64	.20	2.85
弱い立場の人を助ける仕事が多い	－.10	.62	.19	2.59
公共の利益のために仕事を実行する	－.16	.62	.24	3.23
市民の生死を左右する仕事が多い	.10	.61	－.08	2.03
市民のためにする仕事が多い	－.15	.59	.14	3.70
市民を先導して行う仕事が多い	.22	.57	.00	2.80
市民の苦情を処理する仕事が多い	.18	.56	.02	3.57
対立した主張を仲裁する仕事が多い	.24	.54	－.03	2.56
創造的，挑戦的な仕事ができる	－.26	.53	.02	1.90
若くして責任のある仕事ができる	－.23	.51	.19	2.58
世間的に尊敬されている仕事である	－.23	.51	.09	2.69
公務員しかできない仕事が多い	.18	.43	－.24	3.01
人の嫌がる仕事が多い	.17	.43	－.21	2.72
F3：よい労働条件（$\alpha=.78$, $M=3.37$）				
休暇をとりやすい	.16	－.03	.74	3.17
育児休暇がとりやすい	.06	.15	.69	3.37
各種保障が安定している	.17	.09	.69	3.85
仕事では男女平等に扱われる	－.09	.31	.60	2.96
給与や年金などに恵まれている	.11	.02	.60	3.51
因子間相関	F1	－.09	.04	
	F2		.01	

第1節　大学生の自治体職員イメージ（研究1）

表4-2　自治体職員の「組織」イメージに関する因子分析結果（因子パターンと因子間相関，主成分解・直接オブリミン回転）

	F1	F2	F3	M
F1：公共的組織（α=.90, M=2.69）				
市民のためにある	.85	.11	－.01	3.06
弱い立場の人を助ける	.84	.12	－.01	2.69
市民の声を尊重している	.82	－.01	－.02	2.60
市民のためにする仕事が多い	.77	.18	－.02	3.19
公正さを第一にしている	.77	.05	－.05	2.69
市民の声に速やかに反応する	.73	－.09	.06	2.25
仕事で行きづまったときはお互いに助け合う	.69	－.09	－.04	2.77
不正を嫌う	.66	－.04	.00	2.46
市民の批判に関して敏感である	.62	－.01	.00	2.82
職場の雰囲気がよい	.56	－.13	.02	2.67
実力本位で昇進ができる	.45	－.21	.25	2.37
F2：硬直的組織（α=.85, M=3.80）				
セクションごとに垣根がある	.15	.84	－.06	3.89
セクションごとになわばりがある	.03	.82	.04	3.79
決まった意思決定順序がある	.19	.77	－.11	3.80
職階による序列が厳しい	－.05	.67	.15	3.79
役所でのみ通用するならわしがある	－.07	.67	.12	3.82
事なかれ主義がある	－.17	.65	.02	3.82
多くのことが年功序列的に決められている	－.20	.58	.09	3.83
職場の雰囲気がぬるま湯的で活気に欠けている	－.33	.42	.11	3.67
F3：権力的組織（α=.76, M=2.69）				
権力の象徴である	.00	.04	.85	2.38
市民に比べ一段高い存在である	.12	－.08	.82	2.61
役所に与えられている特権は多い	.04	.11	.73	3.08
市民にとって近寄りにくい	－.27	.14	.44	3.38
因子間相関	F1	－.28	－.10	
	F2		.17	

寄与率48.5%，表4-3）。

　第1因子は，平均値がやや低かったため，負荷と反対方向に解釈された。第1因子は，地方公務員の人柄について，人に対して親切で柔軟に接するイメージを抱いているかどうかを表す次元と解釈され，「親身な人柄」と命名された。第2因子は，地方公務員の人柄について，慎重で真面目だというイメージを抱いているかどうかを表す次元と解釈され，「かたい人柄」と命名された。第3

表 4-3 自治体職員の「人柄」イメージに関する因子分析結果（因子パターンと因子間相関，主成分解・直接オブリミン回転）

	F1	F2	F3	M
F1：親身な人柄（$\alpha=.93$, $M=3.04$）				
人を見下した	.85	.09	.03	2.81
命令的な	.84	.17	.14	3.03
横柄な	.82	−.03	.15	2.93
投げやりな	.82	−.05	−.03	2.81
怠惰な	.81	−.02	.04	2.80
不親切な	.81	.02	−.10	2.87
高圧的な	.81	.16	.10	2.96
サービス心に欠ける	.68	.11	−.13	3.34
いいかげんな	.67	−.01	−.06	2.88
親切な	−.59	.16	.26	3.14
無責任な	.58	.01	.01	2.63
消極的な	.51	.14	−.26	3.10
事なかれ主義な	.42	.36	−.21	3.43
F2：かたい人柄（$\alpha=.82$, $M=3.65$）				
慎重な	−.01	.68	.14	3.74
かたい	.17	.64	−.08	3.90
勤勉な	−.22	.62	.24	3.72
真面目な	−.15	.61	.11	3.94
波風（なみかぜ）を立てない	.00	.54	−.15	3.74
無難にすませる	.14	.54	−.20	3.98
受け身な	.20	.54	−.31	3.55
環境の変化を嫌う	.22	.51	−.27	3.52
他人の目を気にする	.33	.50	.03	3.50
他人に従う	.13	.49	−.07	3.25
ルールを守ることに神経質である	.14	.47	−.14	3.35
F3：意欲的人柄（$\alpha=.91$, $M=2.57$）				
困難に立ち向かう	.07	.00	.82	2.42
チャレンジ精神にあふれる	.05	−.18	.80	2.22
活発な	.06	−.11	.79	2.39
主体性がある	.10	−.17	.78	2.49
積極的な	.01	−.09	.76	2.40
最後まであきらめない	−.06	.03	.71	2.42
自分の信念に従う	.11	−.07	.70	2.53
環境の変化を好む	.07	−.22	.68	2.28
正義感にあふれる	−.21	.18	.66	2.72
有能な	−.08	.19	.55	2.99
他人に尽くす	−.34	.27	.53	2.75
世話好きな	−.26	.21	.52	2.85
弱いものの味方	−.30	.27	.50	2.68
責任感がある	−.30	.19	.48	3.00
因子間相関	F1	.14	−.48	
	F2		−.10	

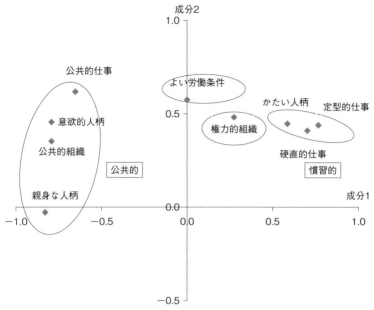

図 4-1　自治体職員イメージに関する9尺度の主成分プロット

因子は，地方公務員の人柄について，積極的で意欲的だというイメージを抱いているかどうかを表す次元と解釈され，「意欲的人柄」と命名された。

　それぞれの因子に.40以上の高い負荷を示した項目を単純加算し，尺度得点とした。

　これらの9つの尺度得点に対して，主成分分析を行い，第1主成分を横軸，第2主成分を縦軸に布置し，探索的にイメージの構造の検討を行った（固有値3.89，1.81，累積寄与率63.3％，図4-1）。

　その結果，図右側には全側面に共通した「慣習的」イメージが，図左側には全側面に共通した「公共的」イメージがそれぞれ布置された。図中央には，「組織」側面に固有な「権力的」イメージと，「仕事」の側面に固有な「よい労働条件」イメージとが布置された。

第5項　考　察

　自治体職員イメージの構造を検討したところ，3つの側面に共通したイメー

ジ次元である「慣習的」イメージおよび「公共的」イメージと，組織側面に固有な「権力的組織」イメージと，仕事側面に固有な「よい労働条件」イメージとの計4次元に分類された。これらの分類は，探索的な分析に基づいているため，第2節では4つの次元を確証することとする。

第2節　大学生における自治体職員イメージの規定因（研究2）

第1項　目　的

第1節（研究1）で得られた自治体職員イメージの次元を確証し，行政に対する期待の規定因を分析する基礎資料を得るために，自治体職員（地方公務員）イメージを規定する要因を分析する。

第2項　方　法

1　調査時期

2002年11月上旬〜2003年4月下旬。

2　調査対象

大学生344名（男性163名，女性181名，平均年齢20.4歳）。

3　調査方法

個別記入方式の質問紙調査。

4　調査項目

（1）性別・年齢・学年

（2）自治体職員イメージ尺度候補項目

自治体職員イメージ尺度候補項目は，第1節（研究1）の解析における因子負荷量を参考に，2つ以上の因子に負荷の高い項目や意味の重複を避け，38項目を設定した。「1．まったくあてはまらない」〜「5．よくあてはまる」の5件法で回答を求めた。

（3）地方公務員志望

「あなたは，地方公務員として就職したいですか」と尋ね，「1．絶対就職したくない」「2．あまり就職したくない」「3．どちらでもない」「4．就職し

たい」「5．絶対就職したい」の5件法で回答を求めた。

（4）家族・親戚における地方公務員の有無

「ご家族・ご親戚の中に地方公務員の方がいらっしゃいますか」と尋ね，「はい」「いいえ」で回答を求めた。

（5）生活満足感

「あなたは全体的にみて，どの程度いまの生活に満足していますか」と尋ね，「1．まったく満足していない」〜「5．大変満足している」の5件法で回答を求めた。

（6）自尊感情尺度

権威主義傾向の特徴のうち，自己を正当化し自尊感情を高く維持する傾向を測定するため，山本・松井・山成（1982）が翻訳したRosenbergの自尊感情尺度10項目を用いた。

（7）社会全体に対する効力感尺度

社会全体に対する一般的な効力感を測定するための項目として，公平（1976）や山田（1990）を参考に8項目を独自に作成した。項目内容は，「私たちが声を上げることによって，社会を必ずよい方向に変えることができる」「私たちの一票は，必ず社会の中で役に立っていると思う」「自分の意見は世論として，世の中に反映させることができる」「自分の行動は，同じ社会に暮らすほかの人々に影響を及ぼしている」「私は，世の中のよくないことをきっと変えることができると思う」「自分たちの力では，社会の仕組みは変わらないと思う」「社会の仕組みは，私たちの何らかの意見が反映されるようになっている」「私は社会全体のために何か行動しなければならないと思う」であった。「1．まったくあてはまらない」〜「5．よくあてはまる」の5件法で回答を求めた。

（8）地位上昇欲求尺度

権威主義傾向の特徴のうち，権威に対して過剰な敬意を払う傾向を測定するために，今野（1994）の地位上昇欲求尺度5項目を用いた。

（9）形式主義尺度

権威主義傾向の特徴のうち，慣習化された価値（因習）に固着する傾向を測定するために，大渕（1991）が翻訳したBuss（1986）の形式主義尺度10項目

を用いた。

(10) 怒りの特性

権威主義傾向の特徴のうち，権威や慣習に反する者に対する攻撃傾向を測定するために，鈴木・小島・根建・春木（1999）が翻訳した Spielberger の怒りの特性尺度10項目を用いた。

第3項 結　果

1 自治体職員イメージの構造

自治体職員イメージに関する38項目について，因子分析を行い，4因子を抽出した（主成分解・バリマックス回転；累積寄与率46.9%，表4-4）。

第1因子は，側面に共通したイメージで，地方公務員が公共の利益のために，市民に対して温かく対応しているイメージを表す因子と解釈され，「公共的」イメージと命名された。第2因子は，側面に共通したイメージで，地方公務員がならわしに従い型通りに仕事をしているイメージを表す因子と解釈され，「慣習的」イメージと命名された。第3因子は，側面に共通したイメージで，地方公務員が住民に対し，職務上の権力を権威的に行使しているイメージを表す因子と解釈され，「権力的」イメージと命名された。第4因子は，仕事側面に固有のイメージで，自治体職員の労働上の待遇のよさを表すイメージと解釈され，「よい労働条件」イメージと命名された。

Cronbach の α 係数を算出したところ，.81-.87 であり内的一貫性が高かったため，それぞれの因子に絶対値 .40 以上の高い負荷を強い負荷を示した項目を単純加算し，尺度化した。このうち，理論的中間値よりも高いイメージ次元は，「慣習的」「権力的」「よい労働条件」であった。

2 尺度構成

自尊感情尺度，社会全体に対する効力感尺度，地位上昇欲求尺度，形式主義尺度，怒りの特性尺度のそれぞれについて，主成分分析を用いて尺度分析を行った。それぞれの尺度に含まれる項目のうち，第1主成分への負荷が .40 未満の項目を除外し，得点化した（表4-5，表4-6，表4-7，表4-8，表4-9）。その結果，自尊感情尺度のうち1項目（もっと自分を尊敬できるようになりたい），形式主義尺度のうち4項目（「公的な行事に参加しても全く緊張しない」

第2節 大学生における自治体職員イメージの規定因（研究2）

表4-4 自治体職員イメージに関する因子分析結果（回転後の因子負荷量，主成分分解・バリマックス回転）

項目内容	F1	F2	F3	F4	M
F1：公共的（$\alpha=.87, M=2.95$）					
他人に尽くす	−.76	−.09	−.02	−.03	2.77
弱い立場の人を助ける	−.70	−.10	−.03	.00	2.79
平等な	−.69	−.02	−.17	.11	3.10
正義感にあふれる	−.68	−.20	.12	.02	2.68
公平な	−.67	−.02	−.18	.16	3.13
市民の訴えに耳を傾けて仕事を実行する	−.67	−.08	−.07	−.06	2.72
やさしい	−.66	−.17	−.07	.05	2.86
市民の声を尊重している	−.66	−.22	−.12	−.02	2.60
市民のためにある	−.65	.01	−.18	.06	3.44
社会的貢献度の高い仕事である	−.56	−.01	−.12	.02	3.46
F2：慣習的（$\alpha=.86, M=4.00$）					
仕事はあらかじめはっきり決められている	.03	.69	.10	.00	4.01
仕事にはきまった手順書がある	.15	.67	.07	.01	4.25
事なかれ主義がある	.15	.66	.21	.22	4.07
仕事は比較的単純で繰り返しの多いものである	.12	.64	.09	.01	3.89
無難にすませる	.19	.62	.27	.26	4.13
仕事は上役から一方的に決められている	.19	.61	.24	−.05	4.02
ならわしに従って仕事をする	.02	.60	.13	.07	4.30
多くのことが年功序列的に決められている	.06	.53	.19	.20	3.94
受け身な	.10	.51	.15	.22	3.60
環境の変化を嫌う	.13	.49	.29	.16	3.78
F3：権力的（$\alpha=.86, M=3.10$）					
市民に比べ一段高い存在である	−.09	−.04	.74	.04	2.73
権力の象徴である	.11	.25	.67	.15	3.02
命令的な	.34	.21	.66	.11	3.20
役所に与えられている特権は多い	−.05	.11	.63	.25	3.32
市民にとって近寄りにくい	.18	.15	.62	.00	3.05
高圧的な	.34	.17	.61	.06	3.13
お上の仕事である	.05	.32	.59	.14	3.37
一般の市民が口出しできない仕事が多い	.09	.26	.54	.04	3.45
市民を従わせる仕事が多い	.11	.37	.51	−.06	2.90
あれこれ市民に対して口出しする仕事が多い	−.01	.30	.48	.02	2.87
F4：よい労働条件（$\alpha=.81, M=3.62$）					
育児休暇がとりやすい	−.12	.10	.01	.76	3.60
各種保障が安定している	−.06	.17	−.02	.71	4.13
休暇をとりやすい	.09	.05	.10	.70	3.27
給与や年金などに恵まれている	.05	.02	.26	.64	3.60
クビになることが少ない	−.12	.18	−.03	.60	4.30
一生働き続けることができる	.03	.17	.22	.59	3.88
時間外手当が充実している	.00	−.04	.31	.58	3.14
仕事では男女平等に扱われる	−.28	−.11	−.09	.51	3.02
因子負荷量の二乗和	5.10	4.52	4.44	3.70	
因子の寄与率（％）	13.43	11.89	11.69	9.75	

表 4-5　自尊感情尺度の主成分分析結果

項目内容	第1主成分	M
自分に対して肯定的である	.77	3.38
何かにつけて，自分は役に立たない人間だと思う	.74	2.78
だいたいにおいて，自分に満足している	.74	3.26
自分には，自慢できるところがあまりない	.73	3.00
色々な良い素質をもっている	.68	3.36
自分は全くだめな人間だと思うことがある	.67	3.22
少なくとも人並みには，価値のある人間である	.66	3.67
物事を人並みにはうまくやれる	.58	3.38
敗北者だと思うことがある	.48	2.97
寄与率	45.9%	

表 4-6　社会全体に対する効力感尺度の主成分分析結果

項目内容	第1主成分	M
自分の意見は世論として，世の中に反映させることができる	.82	2.60
私たちが声を上げることによって，社会を必ずよい方向に変えることができる	.81	2.78
私は，世の中のよくないことをきっと変えることができると思う	.78	2.62
私たちの一票は，必ず社会の中で役に立っていると思う	.78	2.56
自分の行動は，同じ社会に暮らすほかの人々に影響を及ぼしている	.71	2.94
自分たちの力では，社会の仕組みは変わらないと思う	−.67	2.95
私は社会全体のために何か行動しなければならないと思う	.60	3.34
寄与率	55.3%	

表 4-7　地位上昇欲求尺度の主成分分析結果

項目内容	第1主成分	M
上流の生活を送りたい	.81	3.32
今より少しでもよい地位につきたい	.78	3.42
もっと裕福な暮らしをしたい	.78	3.51
将来，人に指図する立場につきたい	.73	2.46
有名になりたい	.59	2.76
寄与率	55.1%	

第2節　大学生における自治体職員イメージの規定因（研究2）

表4-8　形式主義尺度の主成分分析結果

項目内容	第1主成分	M
威厳や品位ある行動を心がけている	.78	2.83
礼儀作法には，人一倍うるさい	.77	2.62
自分は形式を重んじる人間だと思う	.73	3.25
人と比べるとかなりマナーのよいほうだ	.59	3.23
行儀よく振る舞うことは大切だと思う	.52	4.28
世の中の礼儀作法やしきたりは窮屈だ	.48	2.80
寄与率	43.3%	

表4-9　怒りの特性尺度の主成分分析結果

項目内容	第1主成分	M
すぐかっとなる	.81	1.78
怒りっぽい	.77	1.88
気が短い	.76	2.03
せっかちである	.66	2.09
良いことをしても誉められないと，腹が立つ	.66	1.90
他人の間違いで自分が遅れたりすると腹を立てる	.66	2.27
よいことをしたのに認められないと，いらいらする	.64	2.25
怒ると意地悪なことを言う	.62	2.15
人の前で非難されたりすると怒りを感じる	.61	2.40
自分のしたいことができないと，誰かをひっぱたきたくなる	.57	1.39
寄与率	46.3%	

「いくら親密でも人前で手をつないだりするのは，はしたないと思う」「その場にふさわしいかどうかをあまり気にせず，私は感じたままにふるまっている」「人が集まっているところでも，私は本音で話をする」）が除外された。Cronbach の α 係数は，自尊感情尺度 α = .85，社会全体に対する効力感尺度 α = .87，地位上昇欲求尺度 α = .79，形式主義尺度 α = .73，怒りの特性 α = .87 であり，十分な信頼性が示された。

3　自治体職員イメージの規定因

4つの自治体職員イメージを従属変数，その他の変数を独立変数とした重回帰分析（変数増加法）を行った（表4-10）。

その結果，家族・親戚に地方公務員がいない者ほど「慣習的」イメージを抱き，地方公務員を志望している者ほど，「公共的」イメージが強く，「慣習的」

表4-10 自治体職員イメージの規定因

	β		r	R^2	
〈公共的イメージ〉					
社会全体に対する効力感	.31	**	.34	.24	**
地方公務員志望	.27	**	.27		
生活満足感	.23	**	.22		
地位上昇欲求	.11	*	.08		
〈慣習的イメージ〉					
地方公務員志望	−.30	**	−.33	.14	**
家族・親戚に公務員がいない	.16	**	.23		
生活満足感	−.10	*	−.09		
〈権力的イメージ〉					
地方公務員志望	−.19	**	−.18	.06	**
生活満足感	−.14	*	−.13		
〈よい労働条件イメージ〉					
（投入されず）					

注：*$p<.05$, **$p<.01$

「権力的」イメージが弱かった。個人特性では，社会に対する効力感が高く，生活満足が高く，地位上昇欲求が高い者ほど「公共的」イメージを抱き，生活満足が低い人ほど「慣習的」「権力的」イメージを抱いていた。

第4項 考　察

　本節では，自治体職員イメージの構造を分析し，第1節と同様に，「公共的」「慣習的」「権力的」「よい労働条件」の4つのイメージ次元が抽出されることが確証された。また，家族・親戚における自治体職員の有無や就業志望の程度といった自治体職員に対する関与の深さや，社会に対する効力感や生活満足感や地位上昇欲求という個人特性によって，自治体職員イメージが規定されていた。

　第1節と本節で得られた知見は，大学生を対象とした検討であったため，成人においても同様の構造が得られるかどうかは不明であり，一般性が低い可能性がある。そこで，自治体職員イメージの次元の一般性について，第3節において，自治体職員に関する実際の新聞報道と照合し探索的な検討を行い，第5章第1節において，成人を対象とした調査によって確証する。

第3節　自治体職員に関する新聞記事の言説分析（研究3）

第1項　目　的

　自治体職員イメージの次元の一般性を検討するために，自治体職員に対する新聞上の言説を分析し，記事に含まれる行政に対するイメージを分析することを目的とする。

第2項　方　法

1　分析対象期間
　2002年4月1日〜2003年3月31日の1年間。

2　分析対象記事
　朝日新聞社が提供する高速記事検索サービス「聞蔵（きくぞう）」を用いて，朝日新聞東京本社発行版本紙を検索範囲に指定し，「地方公務員」「自治体職員」の2語で検索を行い，ヒットした延べ83件の記事（「地方公務員」58件，「自治体職員」25件）。分析対象となった新聞記事の見出し一覧を，資料2に添付する。

3　分析手順
（1）記事件数の分析
　分析対象となった全記事について，1記事あたりの文字数を算出した。
（2）記事内容の評定
　12の内容カテゴリーを設定し，心理学を専門とする大学院生2名に，多重回答形式で各記事の内容の評定をするように依頼した[1]。

---

[1] 分析は，著者が全記事を通読し，13の仮カテゴリーを設定した。そののち，心理学を専門とする大学院生2名に，仮カテゴリーの定義をあらかじめ示した上で，多重回答形式で各記事の内容の評定をするように依頼した。なお，評定者が，地方公務員や自治体職員と全く関係がないと判断した記事については，×印を付してその後の記事内容の評定をしないように教示した。その結果，仮カテゴリーでは全く評定されないカテゴリーがあったため，内容カテゴリーを整理し変更した。

(3) 記事に含まれる自治体職員イメージの評定

各記事に含まれる自治体職員イメージの分析には，第2節の結果をもとに，「公共的」「慣習的」「権力的」「よい労働条件」の4側面と，「不正」「その他」を加えた計6種のイメージカテゴリーを設けた[2]。そして，心理学を専門とする大学院生2名に，各イメージの定義を示した上で，多重回答形式で各記事に含まれる自治体職員イメージを評定するように依頼した。なお，イメージの評定は，同一の評定者により，記事内容の評定と同時に行われた。

第3項 結　果

1分析対象記事あたりの平均文字数は，999字（「地方公務員」883字，「自治体職員」1294字）であった。記事内容カテゴリーの評定に関する評定者間の一致率は99.9%で，記事から受けるイメージに関する評定の評定者間の一致率は99.9%であった。不一致の評定については，著者が第3評定者として評定に加わり，評定を確定させた。

評定者が自治体職員と関連がないと判断した記事を除外した分析対象記事は，「地方公務員」42件，「自治体職員」20件であった。このうち1件は同一の記事であったために除外し，最終的な分析対象記事は61件であった。内容分析結果を表4-11に示す。

自治体職員に関する新聞記事は，「役所の対応・改革」に関する内容が最も多く，次に「職務無関係」「待遇」に関する内容が多かった。また，「苦情・投書・批判」や「逮捕・不正・疑惑・訴訟」などの否定的な記事内容は，それぞれ「慣習的」や「不正」イメージなどの自治体職員に対する否定的なイメージを含んでいると評定された。

第4項 考　察

自治体職員に関する新聞記事のうち，約60％に何らかの自治体職員イメージが含まれており，記事の約35％に「公共的」「慣習的」「権力的」「よい労働

---

[2] 「行政の不正」に関する記事内容カテゴリーに対応するイメージカテゴリーがなかったため，両者の整合性を保つために，イメージ評定において，「不正」イメージカテゴリーを追加した。

第3節 自治体職員に関する新聞記事の言説分析（研究3）

表4-11 自治体職員に対する新聞記事の内容分析結果

カテゴリー	内容評定(MA) 件数	全件数に占める%	慣習的 (7)	不正 (5)	公共的 (5)	よい労働条件 (3)	権力的 (1)	その他 (21)
役所の対応・改革	17	27.9%	0	0	2	0	0	9
職務無関係	16	26.2%	1	2	2	1	0	0
待遇	13	21.3%	1	0	0	2	0	9
地方財政	8	13.1%	0	0	0	0	0	3
苦情・投書・批判	6	9.8%	4	1	0	0	1	1
生活保護・社会保障	5	8.2%	1	0	1	0	0	2
逮捕・不正・疑惑・訴訟	3	4.9%	0	3	0	0	0	0
選挙	3	4.9%	0	0	0	0	0	2
住基ネット	2	3.3%	1	2	0	0	1	0
自治体合併	2	3.3%	0	0	0	0	0	1
公務災害	2	3.3%	0	0	0	0	0	2
その他	5	8.2%	1	0	1	0	0	1
	全件数に占める%		11.5%	8.2%	8.2%	4.9%	1.6%	34.4%

注：記事の全件数は，61件
注：（ ）内の数字は該当した記事件数

条件」「不正」のうち，いずれかのイメージが含まれていた。したがって，事実報道が中心である自治体職員に対する報道の中に，自治体職員に対するイメージが部分的に含まれていることが確認された。また，成人が抱くイメージ次元には，大学生を対象とした分析（第1節・第2節）によって得られた次元に加え，「不正」次元があることが示唆された。自治体職員に関する報道全体では，「役所の対応・改革」「職務無関係」などに関する報道が多く，「逮捕・不正・疑惑・訴訟」「苦情・投書・批判」などの報道は，否定的イメージを多く含んでいた。住民は，自治体職員に対する否定的なイメージを含む報道に接することにより，自治体職員イメージを形成していると推定される。

第4節　本章のまとめ

　本章では，行政に対する期待を検討する予備段階として，自治体職員イメージの構造を分析した。その結果，大学生を対象とした第1節・第2節の分析では，「公共的」「慣習的」「権力的」「よい労働条件」の4つのイメージ次元が抽出された。第3節では，自治体職員に関する新聞記事の報道内容とこれらのイメージ次元とを照合した結果，自治体職員に関する新聞記事の約35%に，4つのイメージ次元と「不正」イメージとが含まれていた。そこで，次章では，成人を対象とした分析によって，5つのイメージ次元を確証し，5つのイメージ次元を手がかりとして，行政に対する期待内容を推定する。

第5章　行政に対する住民の期待に関する検討

　第4章では，行政に対する期待の基盤にあると想定される行政に対するイメージの構造を予備的に検討した。本章では，第4章で得られた，あいまいで漠然とした態度である，行政に対するイメージの次元をもとに，住民が行政に対して抱く具体的な態度である，行政に対する住民の期待の構造を分析することを第1目的とする。また，行政との協働意図・協働経験を規定する要因を探索的に検討することを第2目的とする。

第1節　自治体職員に対する期待とイメージ（研究4）

第1項　目　的
　行政に対する期待内容を収集し，行政に対する期待と行政に対するイメージとの関連を分析する。

第2項　方　法

1　調査時期
　2003年9月～2004年6月。

2　調査対象
　大学生の主たる養育者，または，社会人の知人計239名（男性95名，女性144名）。回答者の年齢は，39歳以下8.4%，40歳～49歳43.1%，50歳～59歳未満45.6%，60歳以上2.9%。

3　調査方法
　大学生に対して，集合形式で主たる養育者または知人の社会人への質問紙送付を依頼し，封筒に送り先を記入してもらい，大学生の主たる養育者または知

人の社会人に対して，個別記入形式の質問紙を郵送で配布・回収した。

4　調査項目

（1）人口統計学的変数

①性別

②年齢段階　　5歳刻みの9選択肢の中から択一式で回答を求めた。

③職業　　12選択肢の中から択一式で回答を求めた。

④最終学歴　　「小学校・中学校」「高等学校」「各種学校・専修（専門）学校」「高等専門学校・短期大学」「大学・大学院」「その他」の6選択肢の中から択一式で回答を求めた。

⑤暮らし向き　　「上の上」〜「下の下」の9選択肢の中から択一式で回答を求めた。

（2）自治体職員に対する期待に関する項目

自治体職員イメージ項目の半数を「〜してほしい」といった期待にふさわしい文言に改変した18項目に，「あてはまるものがない」を含めた計19項目を設け，多重回答形式で回答を求めた。

（3）自治体職員に対する期待に関する自由記述

（2）に加えて，「あなたが地方公務員に対して『〜してほしい』と思うことや，期待していることを書いてください」と教示し，自由記述形式で回答を求めた。

（4）自治体職員イメージ項目

第4章（研究1〜3）における自治体職員イメージの5次元を参考に，回答が容易になるよう表現を一部改変し，計36項目設けた。「1．まったくあてはまらない」〜「4．よくあてはまる」の4件法で回答を求めた。

第3項　結　果

1　自治体職員に対するイメージ

自治体職員イメージに関する36項目について，因子分析（主成分解・プロマックス回転）を行った。いずれの因子にも.40以上の負荷を示さない項目や，複数の因子に負荷の高い項目を除き，最終的に28項目について分析を行い，因子の解釈可能性から5因子を抽出した（回転前累積寄与率56.7%，表5-1）。

表5-1 自治体職員イメージに関する因子分析結果（因子パターンと因子間相関，主成分解・プロマックス回転）

	F1	F2	F3	F4	F5	M
F1：権力濫用（$\alpha=.90, M=2.61$）						
地方公務員は，「私腹（しふく）をこやしている」	.90	−.17	−.04	.04	.01	2.16
地方公務員は，「悪いことをしている」	.89	−.17	−.02	−.05	−.06	2.03
地方公務員は，「不正が多い」	.83	−.11	.06	.00	.10	2.52
地方公務員は，「業者との癒着がある」	.78	.05	−.03	−.05	.10	2.77
地方公務員は，「特定の機関に便宜をはかっている」	.73	.07	−.04	.01	.15	2.77
地方公務員は，「命令的である」	.54	.30	−.10	.14	−.05	2.76
地方公務員は，「むだが多い」	.43	.37	.14	−.06	.05	3.25
F2：慣習的（$\alpha=.79, M=3.32$）						
地方公務員は，「受け身である」	−.03	.86	−.09	−.08	−.26	3.17
地方公務員は，「事なかれ主義がある」	−.19	.78	−.03	.12	.04	3.34
地方公務員は，「何事も無難にすませる」	−.06	.71	.10	.05	−.05	3.44
地方公務員には，「競争原理が足りない」	.11	.64	.14	−.11	.05	3.57
地方公務員は，「環境の変化を嫌う」	.15	.64	−.12	−.07	.09	3.19
地方公務員は，「ならわしに従って仕事をする」	−.17	.53	.02	.09	.28	3.52
地方公務員は，「仕事のスピードが遅い」	.38	.48	.11	−.04	−.08	3.23
地方公務員は，「利益を考慮することが少ない」	−.05	.47	−.03	−.14	−.09	3.07
F3：よい労働条件（$\alpha=.76, M=3.47$）						
地方公務員は，「育児休暇が取りやすい」	.02	−.12	.85	−.12	−.10	3.54
地方公務員は，「休暇をとりやすい」	.03	.07	.81	−.11	−.02	3.47
地方公務員は，「給与や年金などに恵まれている」	.26	−.09	.67	.09	−.10	3.56
地方公務員は，「時間外手当が充実している」	.21	−.07	.61	.18	−.04	3.20
地方公務員は，「一生働きつづけることができる」	−.32	.06	.55	.12	.21	3.39
地方公務員は，「クビになることが少ない」	−.23	.22	.44	.06	.16	3.63
F4：権力的（$\alpha=.78, M=2.35$）						
地方公務員は，「権力の象徴である」	.03	−.05	−.05	.92	−.05	2.00
地方公務員は，「市民に比べ一段高い存在である」	−.08	−.11	.05	.89	−.10	2.06
地方公務員の仕事は，「お上の仕事である」	.06	−.03	.00	.70	.08	2.61
地方公務員の仕事は，「市民を従わせる仕事が多い」	.34	.23	−.09	.44	.00	2.69
F5：公共的（$\alpha=.69, M=2.40$）						
地方公務員は，「社会的貢献度の高い仕事である」	−.11	.19	.04	.03	−.81	2.37
地方公務員は，「市民の訴えに耳を傾けて仕事をする」	−.06	.01	.02	.00	−.77	2.72
地方公務員は，「他人に尽くす」	−.08	−.01	−.03	.09	−.68	2.12
因子間相関　F2	.45					
F3	.48	.48				
F4	.42	.30	.42			
F5	.39	.31	.26	.26		

表5-2 自治体職員に対する期待の肯定率

	肯定率(%)
効率よく仕事をしてほしい	61.9
ならわしに従って仕事をするのをやめてほしい	56.5
市民の声に耳を傾けてほしい	54.0
早いスピードで仕事をしてほしい	48.1
事なかれ主義をやめてほしい	46.9
無難にすませるのをやめてほしい	41.0
クビにできるようにしてほしい	33.9
近寄りやすくなってほしい	31.4
社会的貢献度の高い仕事をしてほしい	31.0
特定の機関に便宜をはからないでほしい	30.1
利益を考慮して仕事をしてほしい	26.8
不正を少なくしてほしい	23.8
他人に尽くしてほしい	19.7
市民よりも一段高い存在であるのをやめてほしい	19.2
悪いことをしないでほしい	18.4
市民を従わせるのをやめてほしい	14.2
時間外手当を減らしてほしい	13.8
休暇を減らしてほしい	10.9

　第1因子は，自治体職員が職務上の権力や地位を利用して不正を行っているイメージと解釈され，「権力濫用」イメージと命名された。第2因子は，自治体職員がならわしに従って仕事をしているイメージと解釈され，「慣習的」イメージと命名された。第3因子は，自治体職員の勤務条件や待遇がよいことを表すイメージと解釈され，「よい労働条件」イメージと命名された。第4因子は，自治体職員が職務上の権限で住民に高圧的な態度を取るイメージと解釈され，「権力的」イメージと命名された。第5因子は，自治体職員が公共の利益のために市民に丁寧に接しているイメージと解釈され，「公共的」イメージと命名された。自治体職員イメージの尺度平均値をみると，「慣習的」イメージと「よい労働条件」イメージの平均値は，理論的中間値を大きく上回っており，回答者に強くイメージされていた。

2　自治体職員に対する期待の構造

　自治体職員に対する期待に関する19項目のうち，「あてはまるものがない」を除いた18項目の肯定率を表5-2に示す。

第1節　自治体職員に対する期待とイメージ（研究4）　55

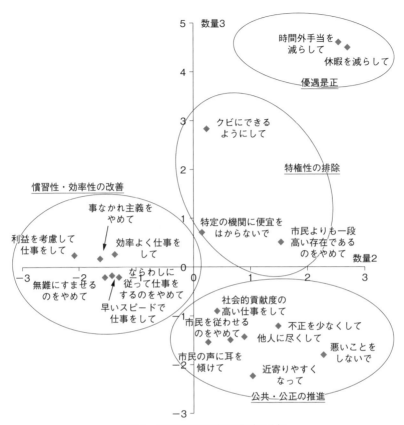

図5-1　自治体職員に対する期待の分類

また，これらの18項目について数量化理論第Ⅲ類を用いて分析し，カテゴリースコアを算出した（固有値は，数量1から順に，0.26，0.09，0.07）。数量1の負方向には，「はい」の回答がまとまって布置されたため，自治体職員に対する期待度の低さを表す，サイズ因子であると解釈された。数量2・数量3を平面上にプロットした図が図5-1である。

第1象限における数量3の値が4以上の領域には，「時間外手当を減らしてほしい」「休暇を減らしてほしい」のそれぞれを肯定するカテゴリーが布置された。このまとまりは，地方公務員の労働条件に関する優遇をなくしてほしいという期待を表すと解釈され，「優遇是正期待」と命名された。

表5-3 自治体職員に対する期待に関する自由記述内容

カテゴリ	件数	発言例
特になし・あきらめ	13	期待しても無駄とまず思ってしまう
情報提供	8	ちゃんと情報を市民に伝えてほしい
思い切った改革	8	イニシアティブをとった住民のための地方改革
気概と知識	7	プロ意識を持って仕事をしてほしい
明るさ・前向きさ	6	明るく元気に率先して挨拶すること
個別の要求	4	ごみ問題に関心をもってほしい
その他	4	不景気を改善してほしい

第1象限における値が3以下の領域には,「クビにできるようにしてほしい」「特定の機関に便宜をはからないでほしい」「市民よりも一段高い存在であるのをやめてほしい」のそれぞれを肯定するカテゴリーが布置された。このまとまりは,地方公務員に関する法規上の特権を減らし,権限の濫用をやめてほしいという期待を表すと解釈され,「特権性の排除期待」と命名された。

第2象限と第3象限との間の領域には,「事なかれ主義をやめてほしい」「無難にすませるのをやめてほしい」「ならわしに従って仕事をするのをやめてほしい」「効率よく仕事をしてほしい」「早いスピードで仕事をしてほしい」「利益を考慮して仕事をしてほしい」のそれぞれを肯定するカテゴリーが布置された。このまとまりは,地方公務員が慣習に従うのをやめて,もっと効率を意識してほしいという期待であると解釈され,「慣習性・効率性の改善期待」と命名された。

第4象限には,「市民の声に耳を傾けてほしい」「社会的貢献度の高い仕事をしてほしい」「他人に尽くしてほしい」「市民を従わせるのをやめてほしい」「不正を少なくしてほしい」「近寄りやすくなってほしい」「悪いことをしないでほしい」のそれぞれを肯定するカテゴリーが布置された。このまとまりは,地方公務員がもっと公共の利益のために仕事をし,正義感をもってほしいという期待であると解釈され,「公共・公正の推進期待」と命名された。

肯定率をみると,「慣習性・効率性の改善期待」に含まれる期待が高かった。

3 自治体職員に対する期待に関する自由記述

自由記述内容をカテゴリーに分類したところ,2の分類に含まれていなかった期待内容として,7つのカテゴリーが得られた(表5-3)。

表5-4 サンプルスコアとイメージとの相関

	数量1	数量2	数量3
よい労働条件	−.26**	−.02	.28**
権力的	−.25**	.04	.19**
公共的	.20**	−.03	−.21**
慣習的	−.33**	−.38**	.15*
権力濫用	−.50**	.03	.25**

*$p<.05$, **$p<.01$

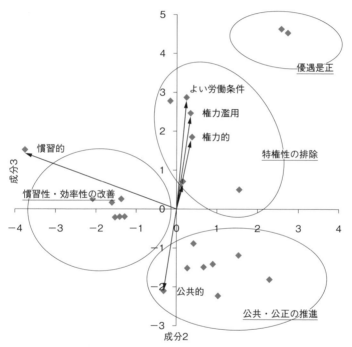

図5-2 自治体職員に対する期待とイメージとの関連

具体的には,「特になし・あきらめ」「情報提供」「思い切った改革」「気概と知識」「明るさ・前向きさ」,「個別の要求」といった期待内容が挙げられた。

4 自治体職員に対する期待と自治体職員イメージとの関連

自治体職員に対する期待とイメージとの関連を検討するため,自治体職員に対する期待に関する数量化理論第Ⅲ類による分析における,数量1・数量2・数量3のサンプルスコアを算出し,各サンプルスコアと自治体職員イメージと

の相関係数を算出した（表5-4）。数量2・3と自治体職員イメージとの相関係数が有意であったものをベクトルとして，図5-1に重ねて表記したものが図5-2である。ベクトルは，実際の相関係数の値を10倍している。

その結果，「特権性の排除期待」の近くに「権力的」「権力濫用」イメージが，「慣習性・効率性の改善期待」の近くに「慣習的」イメージが，「公共・公正の推進期待」の近くに「公共的」イメージが，それぞれ布置されていた。「優遇是正期待」の近くには，いずれのイメージも布置されていなかった。「優遇是正期待」と「よい労働条件」イメージとを除いて，自治体職員に対する期待は，その意味内容に対応する自治体職員イメージとの間に有意な関連がみられた。

第4項 考　　察

本節では，成人を対象に行政に対するイメージの次元を確証し，行政に対する期待の構造を探索的に分析した。行政に対するイメージは，「権力濫用」「慣習的」「よい労働条件」「権力的」「公共的」の5つの次元から構成されていた。このうち，「権力濫用」イメージは，第4章の検討における「不正」イメージと対応していると捉えられる。したがって，行政に対するイメージは，第4章とほぼ同様に，5次元構造をなすことが確認された。

行政に対する期待は，「慣習性・効率性の改善期待」「優遇是正期待」「特権性の排除期待」「公共・公正の推進期待」の4つにまとまることが明らかになった。期待とイメージ次元との対応をみると，「慣習性・効率性の改善」は「慣習的」と，「優遇是正」は「よい労働条件」と，「特権性の排除」は「権力的」と，「公共・公正の推進」は「公共的」「不正」と，それぞれ対応しており，行政に対する期待は，その意味内容が近いイメージ次元と対応していた。しかし，行政に対する期待の自由記述内容をみると，行政に対する期待には，行政に対するイメージと対応した内容以外の内容も存在しており，行政に対するイメージ次元だけでは，行政に対する期待内容を網羅できないことが示唆された。そこで次節では，行政に対するイメージと対応していなかった期待内容を含めて，行政に対する期待の構造を網羅的に検討する。

第2節　自治体職員に対する期待と協働意図・経験（研究5）

第1項　目　　的

　第1節で新たに収集された期待内容を含め，行政に対する期待の構造を網羅的に検討し，行政との協働意図や協働経験を規定する要因を探索的に検討することを目的とする。

第2項　方　　法

1　調査時期

　2004年11月～2005年5月。

2　調査対象

　大学生の主たる養育者または知人の社会人211名。回答者の性別は，男性75名，女性136名で，年齢は，39歳以下16.2％，40歳代31.9％，50歳代46.2％，60歳以上5.7％であった。また，回答者の職業（5％以上）は，事務職・技術職（20.9％），家庭婦人（16.1％），公務員（12.3％），専門職・自由業（9.5％），自営業（8.5％），経営者・管理者（8.1％），販売・サービス職（8.1％），技能職・作業職（7.1％）であった。

3　調査方法

　大学生に対して，集合形式で主たる養育者または知人の社会人への質問紙送付を依頼し，封筒に送り先を記入してもらい，大学生の父母または知人の社会人に対して，個別記入形式の質問紙を郵送で配布・回収した。

4　調査項目

（1）人口統計学的変数

①性別

②年齢段階　　5歳刻みの9選択肢の中から択一式で回答を求めた。

③職業　　12選択肢の中から択一式で回答を求めた。

④最終学歴　　「小学校・中学校」「高等学校」「各種学校・専修（専門）学校」「高等専門学校・短期大学」「大学・大学院」「その他」の6選択肢の中から択

一式で回答を求めた。解析時には,「小学校・中学校」および「高等学校」と,「各種学校・専修(専門)学校」および「高等専門学校・短期大学」と,「大学・大学院」との3つにカテゴリーを統合した。

(2) 自治体職員に対する期待

第1節で用いた19項目に加え,自由記述内容から12項目加え,計31項目を用いた。「1.よくあてはまる」～「4.まったくあてはまらない」の4件法で回答を求めた。解析時には,「まったくあてはまらない」に1点,「よくあてはまる」に4点となるよう,得点を逆転させた。

(3) 協働経験に関する項目

「あなた自身,行政と一緒になって何らかの活動(例えば,公聴会,検討会議,まちづくり,環境活動,地域の問題解決など)をしていますか,または活動したことがありますか」と尋ね,「活動したことがない」「活動したことがある」「現在,活動している」の3段階で評定を求めた。

(4) 協働意図に関する項目

自治体職員と協働することに対する回答者の意図を測定するために,協働の概念を参考に,独自に10項目作成した。「1.よくあてはまる」～「4.まったくあてはまらない」の4件法で回答を求めた。解析時には,「まったくあてはまらない」に1点,「よくあてはまる」に4点となるよう,得点を逆転させた。

(5) 社会的活動性

①地域内における所属組織数　「あなたは,現在この地域で次にあげるような会や集まりに所属していますか」と尋ね,「町内会・自治会」「青年団・青年会」「婦人団体」「老人会・老人クラブ」「父母会・PTA」「商店会」「スポーツ・趣味の会」「福祉活動の団体」「NGO・NPO」「ボランティア組織」「その他の地域住民組織」「どれもない」の13選択肢を設け,多重回答形式で回答を求めた。

②近所づきあいの程度　「あなたは近所づきあいをどの程度していらっしゃいますか」と尋ね,「つきあいはしていない」「あまり,つきあっていない」「つきあいはしているが,あまり親しくはない」「親しくつきあっている」の4件法で回答を求めた。

（6）役所へ行く年間頻度

最近 1 年間のうちに，回答者が役所に行った頻度が何回であったかを，直接数字で記入するよう求めた。

（7）役所での経験

最近 1 年間のうちに，回答者が役所の窓口で経験した事柄について，「一度で用事がすまなかった」「長い時間待った」「いろいろな部署をまわった」「どの部署に行けばよいかわからなかった」「何枚もの書類に同じことを書いた」「書類の記入の仕方がわからなかった」の中から，多重回答形式で回答を求めた。

（8）生活満足感

「あなたは全体的にみて，どの程度いまの生活に満足なさっていますか」と尋ね，「1．たいへん不満」「2．やや不満」「3．どちらでもない」「4．やや満足」「5．たいへん満足」の 5 件法で回答を求めた。

（9）職務満足感

「あなたは，あなた自身が従事している今の仕事にどの程度満足なさっていますか」と尋ね，「1．たいへん不満」「2．やや不満」「3．どちらでもない」「4．やや満足」「5．たいへん満足」の 5 件法で回答を求めた。

（10）自治体への満足感

「あなたは，あなたがお住まいの自治体にどの程度満足していますか」と尋ね，「1．たいへん不満」「2．やや不満」「3．どちらでもない」「4．やや満足」「5．たいへん満足」の 5 件法で回答を求めた。

（11）他者志向性

他者志向性の指標として，酒井・久野（1997）の社会的精神作用尺度 11 項目を用いた。

第 3 項　結　果

1　自治体職員に対する期待

自治体職員に対する期待に関する 31 項目について，因子分析（主成分解・プロマックス回転）を行い，解釈可能性から 5 因子を抽出した（回転前累積寄与率 65.8％，表 5-5）。各因子間の相関は .24-.62 であった。

第5章 行政に対する住民の期待に関する検討

表5-5 自治体職員に対する期待に関する因子分析結果（因子パターンと因子間相関，主成分解・プロマックス回転）

項目内容	F1	F2	F3	F4	F5	M
F1：慣習改革期待（$\alpha=.93$, $M=3.20$）						
新しいことにどんどん取り組んでいってほしい	.81	.07	－.18	.19	－.09	3.19
もっと利益を考慮して仕事をしてほしい	.80	－.24	.27	.08	－.25	2.87
率先（そっせん）して改革を実行してほしい	.78	.11	－.07	.13	－.10	3.29
自治体の現状に危機感をもってほしい	.67	.20	－.05	.06	.04	3.38
事なかれ主義をやめてほしい	.67	.10	.11	.01	.04	3.26
ならわしに従って仕事をするのをやめてほしい	.62	－.05	.21	.01	.17	3.31
プロ意識を持って仕事をしてほしい	.60	.23	.01	－.10	.13	3.20
もっと早いスピードで仕事をしてほしい	.60	.00	.21	－.15	.11	3.16
もっと仕事内容について勉強をしてほしい	.57	.29	.08	－.18	.10	3.01
無難（ぶなん）に仕事をすませるのをやめてほしい	.50	.02	.31	.14	.01	3.16
もっと効率よく仕事をしてほしい	.47	－.01	.09	.01	.33	3.42
F2：ふれあい・情報公開期待（$\alpha=.91$, $M=2.98$）						
もっと積極的に情報を発信してほしい	.03	.79	－.01	－.09	.13	3.12
もっと近寄りやすくなってほしい	－.40	.75	.29	.28	－.06	2.85
もっと明るく接してほしい	－.07	.75	.24	－.27	.07	2.98
もっとわかりやすい言葉で説明してほしい	.14	.70	－.14	－.18	.14	2.94
もっと情報公開をしてほしい	.06	.67	.02	.03	.07	3.14
もっと住民とのふれあいを大事にしてほしい	.22	.63	－.15	.25	－.16	3.00
もっと住民とコミュニケーションをとる機会を多くしてほしい	.30	.63	－.19	.23	－.25	2.88
もっと前向きに仕事をしてほしい	.37	.59	.04	－.19	.03	3.01
もっと住民との信頼関係を大切にしてほしい	.34	.50	－.12	.20	－.09	3.16
市民を従わせるのをやめてほしい	－.27	.41	.39	.29	.15	2.77
F3：優遇是正期待（$\alpha=.79$, $M=2.87$）						
休暇を少なくしてほしい	.08	－.04	.91	.08	－.33	2.56
時間外手当を減らしてほしい	.09	.26	.71	－.07	－.20	2.66
公務員でもクビにできるようにしてほしい	.24	－.22	.66	.00	.13	3.21
市民よりも一段高い存在であるのをやめてほしい	.11	.13	.42	.17	.17	3.03
F4：公共性期待（$\alpha=.82$, $M=2.99$）						
もっと市民の声に耳を傾けてほしい	－.02	.03	－.07	.79	.26	3.18
もっと社会的貢献度の高い仕事をしてほしい	.18	－.21	.06	.79	.10	2.91
もっと他人に尽くしてほしい	.06	.04	.23	.60	.07	2.86
F5：不正防止期待（$\alpha=.83$, $M=3.32$）						
不正を少なくしてほしい	－.01	.01	－.25	.20	.97	3.32
悪いことをしないでほしい	－.08	.07	－.16	.10	.95	3.36
特定の機関に便宜（べんぎ）をはからないでほしい	.28	－.03	.27	.06	.44	3.28
因子間相関	F1	.62	.50	.43	.50	
	F2		.44	.53	.40	
	F3			.28	.54	
	F4				.24	

第1因子は，ならわしを改め仕事内容を新しく改革することを期待する因子と解釈され，「慣習改革期待」と命名された。第2因子は，自治体職員が住民と積極的にふれあい，もっと情報を開示するように期待する因子と解釈され，「ふれあい・情報公開期待」と命名された。第3因子は，自治体職員が一般よりも優遇されていることを是正するように期待する因子と解釈され，「優遇是正期待」と命名された。第4因子は，自治体職員に対し公共の利益のために働くように期待する因子と解釈され，「公共性期待」と命名された。第5因子は，自治体職員の不正をなくすことを期待する因子と解釈され，「不正防止期待」と命名された。

　Cronbach の α 係数を算出したところ .79-.93 であり，十分な信頼性が確認されたため，それぞれの因子に .40 以上の高い負荷を示す項目を単純加算し尺度化した。各尺度の平均値をみると，特に「慣習改革期待」と「不正防止期待」とが回答者に強く抱かれていた。

2　行政との協働経験と協働意図

　行政との協働経験は，「活動したことがない（74.6％）」「活動したことがある（18.0％）」「現在，活動している（7.3％）」であり，活動経験者は25％程度であった。また，行政との協働意図をたずねた10項目について，主成分分析を実施したところ一次元性が確認された（表5-6）。

　回答の方向を合わせて加算し項目数で除して尺度化したところ，平均値は3.26であり，全体的に成人層の自治体職員との協働意図は高かった。

3　尺度構成

　地域内における所属組織数は，12の選択肢に対して回答者が○をつけた総数（平均1.42）を指標とした。社会的精神作用尺度は，主成分分析を用いて一次元性を確認した（α = .85，表5-7）。近所づきあい，役所に行く年間頻度，生活満足感，職務満足感，自治体への満足感はそれぞれ単項目で指標とした。

　役所での経験は数量化理論第Ⅲ類によって分析し，数量1と数量2のカテゴリースコアを算出した（固有値 .23，.20）。このカテゴリースコアに対して，クラスター分析を行ったところ，第1クラスターに「一度で用事がすまなかった」「どの部署に行けばよいかわからなかった」「書類の記入の仕方がわからなかった」が含まれ，「何枚もの書類に同じことを書いた」「いろいろな部署をま

第5章　行政に対する住民の期待に関する検討

表5-6　協働意図尺度に関する主成分分析結果

項目内容	第1主成分	M
地域や自治体の問題は，行政の人たちと一緒に話し合って，自分たち住民も解決策を見出したい	.83	3.23
地域の自治体のためになるならば，自分たち住民がもっている考えや力を提供したい	.76	3.15
地域の防災計画を考えるときには，行政だけでなく，自分たち住民も積極的に参加するべきだ	.73	3.38
地域や自治体のことは，行政のほうで考えてくれればよいことだ	－.73	1.92
みんなが共通して使う場所（体育施設や公民館や文化施設など）を建てるときは，行政の方針だけでなく，自分たち住民の意見も反映させたい	.72	3.56
行政から行政運営に関して意見を求められたときには，自分たち住民も積極的に関わりたい	.72	3.12
今後の自治体のあり方について，自治体の職員の人たちと一緒に知恵をだしあいたい	.69	2.79
公園など公共空間の整備には，計画段階から自分たち住民も関わって意見を述べることが大切である	.68	3.32
地域や自治体のことは，自分たち住民には全く関係のないことだ	－.65	1.53
行政が環境対策（リサイクルや資源回収など）を推進した場合には，自分たち住民もすすんで協力や参加をしたい	.60	3.48
寄与率	51.0%	

注：$\alpha = .89$，尺度平均を項目数で除した値は3.26

表5-7　社会的精神作用尺度に関する主成分分析結果

項目内容	第1主成分	M
人の喜びや悲しみを，心から分かち合いたいと思う	.77	3.89
仲間と力を合わせて，1つの目標に向かってがんばるのが好きだ	.77	3.91
人の役に立てたり，人と助け合えたりすることに，充足感を見出す	.76	4.03
人と心が通い合ったときの喜びは，言葉では言い尽くせない	.75	4.27
困っている人を見ると，放っておけない気持ちになる	.70	4.00
相手の話をよく聞いて，気持ちを受けとめようとする方だ	.63	4.18
ある人の生きざまを深く知って，心から共感を覚えることがある	.63	4.07
大切な人のために，尽くすことに喜びを感じる	.60	4.34
自分が誰かの心を傷つけてしまったことに気づくと，耐えられない気持ちになる	.58	4.22
他人のことを深く理解したいとは思わない	－.43	2.52
あまり人と親密な関係になりたいとは思わない	－.41	2.65
寄与率	42.4%	

表5-8 協働意図・協働経験に関する判別分析結果

		係数1	係数2
独立変数	ふれあい・情報公開期待	0.58	−0.44
	地域内所属組織数	0.30	0.80
	近所づきあい	0.64	−0.65
	役所へ行く頻度	0.32	0.56
重心	意図低	−0.65	0.11
	意図高・経験なし	0.29	−0.35
	意図高・経験あり	0.95	0.35

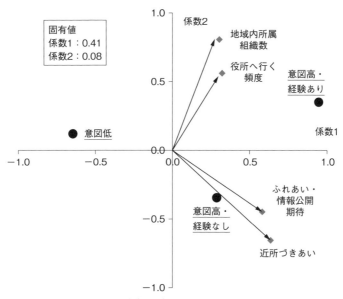

図5-3 協働意図・協働経験を規定する要因
（矢印は独立変数の判別係数を，下線は従属変数の重心をそれぞれ示す）

わった」「長い時間待った」が第2クラスターに含まれた。そこで，第1クラスターを「不明経験」，第2クラスターを「徒労経験」と命名し，各クラスターに含まれた項目を加算し指標とした。

4 協働意図・協働経験の規定因

行政との協働意図・協働経験の規定因を検討するにあたり，協働意図と協働経験を次のように分割した。協働経験の有無で分割し，経験なし群を協働意図

得点の中央値以上と未満で高低に分割し,「意図低群($N=92$)」「意図高・経験なし群($N=74$)」「意図高・経験あり群($N=39$)」の3群を設けた。この3群を従属変数,自治体職員に対する5種の期待,個人特性,社会的活動性,役所へ行く頻度,役所での経験を独立変数とする,ステップワイズ法(Wilksのλの有意性基準)による判別分析を行った(正判別率59.3%)。投入された変数の判別係数と各群の重心を表5-8に,それらの値を2次元平面上にプロットした図を図5-3に示す(ベクトルは独立変数)。

図5-3をみると,判別係数1の負から正方向に向けて,「意図低群」「意図高・経験なし群」「意図高・経験あり群」の順に重心が並んでおり,「近所づきあい」「ふれあい・情報公開期待」「所属組織数」「役所へ行く頻度」のそれぞれが高いほど,協働意図が高まり,「所属組織数」「役所へ行く頻度」が高いほど,協働意図・協働経験ともに高まると解釈された。

第4項　考　察

行政に対する期待として,「慣習改革期待」「優遇是正期待」「不正防止期待」「ふれあい・情報公開期待」「公共性期待」の5側面が抽出され,特に,「慣習改革期待」と「不正防止期待」とが強く抱かれていた。これらの期待構造と第4章で抽出したイメージ次元とを対応させると,「慣習改革期待」は「慣習的」イメージと,「優遇是正期待」は「よい労働条件」イメージと,「不正防止期待」は「不正」イメージと,「公共性期待」の一部は「公共的」イメージと,それぞれ対応していた。そのため,「慣習改革期待」「優遇是正期待」「不正防止期待」は行政イメージを反映した期待であると捉えられる。一方,「ふれあい・情報公開期待」と「公共性期待」の一部は,イメージ次元と対応しておらず,住民に対する行政の接し方に関する期待内容であったため,行政との相互作用に関する期待内容と捉えられる。

協働意図や協働経験を規定する要因を分析したところ,協働意図は,「ふれあい・情報公開期待」「役所に行く頻度」「近所づきあいの多さ」「地域内所属組織数の多さ」によって規定されており,協働経験は,「地域内所属組織数の多さ」「役所に行く頻度」によって規定されていた。

第3節　本章のまとめ

　行政に対する期待内容は，行政イメージを反映した「慣習改革期待」「優遇是正期待」「不正防止期待」と，行政への相互作用を期待する「ふれあい・情報公開期待」「公共性期待」とに分類された。これらの期待のうち，「ふれあい・情報公開期待」が行政との協働意図を規定していた。この結果は，住民が行政に対して相互作用を期待するほど，協働意図が高まると解釈される。行政への相互作用期待のほかに，「役所に行く頻度」「近所づきあいの多さ」「地域内所属組織数の多さ」によって，協働意図が規定され，「地域内所属組織数の多さ」「役所に行く頻度」によって，協働経験が規定されていた。したがって，協働経験や協働意図は，行政への相互作用期待と，地域における所属組織や近所づきあいなどの社会的活動性の高さと，役所へ行く頻度とによって規定されるとまとめられる。

　本章で得られた知見は，調査対象者の居住地域が全国各地に分散していたため，地域に特有な影響であるのか，どの地域における協働にも共通した影響であるのかについては明らかにされていなかった。さらに，本章の調査が，有意抽出された成人を対象としていたため，知見が一般成人に適用可能かどうかの検討も必要である。

　以上の課題をふまえて，次章以降では，協働の活動水準別に地域を位置づけて，地域を限定して検討を行う。しかし，各地域において，住民と行政とが実際の協働を行う中で，どのような相互作用が行われ，どのような期待を抱いているかは明らかにされていない。そこで，第6章では，協働の活動水準別に位置づけた3地域それぞれにおいて，定性的手法を用いて，住民と行政との相互作用の実態や，協働時の相互作用に関する期待を把握する。第7章では，第6章で位置づけた地域のうち，2地域を調査地点として，それぞれ調査対象者を無作為に抽出して，協働を規定する要因の検討を行う。

第6章　協働における住民と行政との相互作用に関する定性的検討

　本章では，協働の活動水準が異なる3地域において，住民と行政との協働における，両者の相互作用や，相互作用時における相互に対する期待を定性的に把握することを目的とする。第1節では，協働の活動水準別に位置づけた3地域の特徴を述べる。第2節では，協働前の地域を，第3節では，協働初期の地域を，第4節では協働進展の地域を，それぞれ対象として検討を行う。

第1節　協働の活動水準別に検討する地域の地理的特徴

　協働の活動水準は，協働を開始してからの期間を基準に，協働が立ち上がっていない協働前地域として千葉県松尾町を，協働初期地域として東京都江戸川区を，協働進展地域として東京都武蔵野市を，それぞれ取り上げて検討する。各地域の特徴は以下の通りである。

　千葉県松尾町の人口は，約11,000人である。人口の年齢別構成比は，15歳未満14.1%，15～29歳17.6%，30～44歳17.5%，45～64歳28.9%，65歳以上21.9%で，住民の同町への居住年数をみると，出生から在住し続けている者や在住年数の長い者が多い（総務省統計局，2002）。産業では稲作と畜産が盛んである。松尾町は，自治体の中でも比較的初期（2000年）に，「ISO9001」や「ISO14001」を取得し，行政改革に取り組み，協働への志向はあるが具体的な施策や取り組みには至っていない。

　江戸川区は，人口約66万人で，新興住宅地と下町とが混在した地域である。都市化に伴い，「環境」に関わる問題が多く発生し，1984年に「環境をよくする運動」がはじまり，既存の地域組織の代表者からなる「地区協議会」が発足している。2002年に，区の長期計画に「共育・安全・協働」を盛り込み，2003年に「安全・安心まちづくり大綱」を策定している。また，2004年度に

犯罪認知件数が 16,000 件を超え都区内でワースト 1 位となったが，住民と行政との協働による防犯活動で，その後 2 年間で犯罪件数を激減させている。1980 年代から市民参加の取り組みが進められ，2000 年代に入ってから，協働による施策や取り組みが始まっている。

　武蔵野市は，人口約 13 万人である。1971 年の「武蔵野市基本構想・長期計画」において，「コミュニティ構想」が打ち出された。コミュニティは，市民が市政参加によって作り出す開かれた生活単位という目標概念であり，その実現のためには，市民どうしのネットワークと，市民と行政との協働が必要であるが，行政は市民支援に徹するものと捉えられている（高田，2006）。活動の中で，エリアごとに「コミュニティ協議会」や，協議会代表者による「コミュニティ研究連絡会」など，さまざまな活動組織が発足している。1981 年「第 2 期長期構想・長期計画」において，コミュニティづくりの基本原則として，「自主参加・自主企画・自主運営」という「自主三原則」が提唱された。このように，武蔵野市は，1970 年代から，住民と行政との協働に関する取り組みが進められ，現在においても継続している。

　以上のように，千葉県松尾町では，協働への具体的な取り組みは行われておらず，江戸川区では，2000 年代に入ってから，武蔵野市では，1970 年代から，住民と行政との協働に関する取り組みが行われている。そこで，本書では，協働前地域として千葉県松尾町を，協働初期地域として東京都江戸川区を，協働進展地域として東京都武蔵野市を，それぞれ位置づけて検討を行う。

第 2 節　協働前地域における自治体職員の意識の検討（研究 6）

第 1 項　目　的

　本節では，協働前地域における自治体職員を対象として面接調査を行い，住民と行政との協働の実態を把握し，住民との相互作用や期待の内容について探索的に検討することを目的とする。

第2項　方　　法

1　調査時期
2004年9月。

2　調査対象
千葉県松尾町役場に勤務する職員11名。調査対象者はすべて男性で，職階は，係長級〜課長級であった。調査対象者の平均勤続年数は26.9年，現職への平均在籍年数は2.3年であった。対象者の選出は，同町総務課長によって行われ，職務内容が網羅できるよう考慮された上で選出された。

3　調査方法
筆者による半構造化面接法を用いた。面接は松尾町役場内の一室で行われた。面接実施前に，各調査対象者に対し研究の趣旨とプライバシー保護及び結果の取り扱いに関する説明を行い，研究協力と実施内容について全員から承諾書に署名を得た。1対象者あたりの所要時間はおよそ45分〜90分であった。面接の様子は，対象者の承諾の上，機材に録音された。

4　調査項目
面接内容は多岐にわたっているため，ここでは，本書の論旨に関連する内容のみを記載する（本章では以下同様）。

（1）協働の内容と行政の関わり方

「住民と自治体職員の方が一緒になって行った活動として，具体的にどのような事柄がありますか」と尋ねた。

（2）住民から自治体職員に向けられた期待

「住民と接する際に，地域住民は，自治体やその職員に対して，どのようなことを期待している（要望している）とお感じになりますか」と尋ねた。

（3）住民に対する期待

「住民の方に『〜してほしい』などと期待したい（要望したい）内容には，どのようなことがありますか」と尋ねた。

（4）住民に対するイメージ

「住民の方と接する際に，住民の方に対して，どのような印象やイメージをお持ちですか」と尋ねた。

（5）協働に必要な事柄

「住民と行政とが一緒になって取り組むような活動には，どのようなことが必要であるとお考えですか」と尋ねた。

5　分析手続き

面接対象者（以下，「回答者」と表記）の回答を，録音した資料をもとに筆者が文字データ化した（1次資料）。その1次資料の中から個人が特定されるような情報を除いた形の資料を作成した（2次資料）。この2次資料をもとに，質問項目ごとに回答内容をまとめて分析を行った。

第3項　結　果

紙面の都合上，面接結果の詳細な記述は割愛する（以下，本章中では同様）。

1　協働の内容

千葉県松尾町の自治体職員が住民との協働例として挙げた内容のうち，「行事・イベント」（まつりなど），「補助団体との関わり」（農業関係の組合など），「地区委員との関わり」（区長会など），「地区での関わり」（集会など）は，既存の地縁組織内での活動であり，住民からのさまざまな要望に対して行政が応答し，円滑な行政活動の遂行を図るための内容であった。また，「町の計画策定委員に町民が参加」では，公募による委員の選任は活発に行われていなかった。さらに，「環境啓発活動」（ごみゼロ運動など）なども協働例として挙げられた。全体的に，職員の関わり方をみると，行政側があらかじめ枠組を作っている行政主導形式や，職員個人のボランティアとして行われていることが多かった。

以上のように，松尾町の「協働」は，内容面では行事や地区との関わりが中心であり，行政主導で活動が行われていた。したがって，松尾町は，住民と行政との実質的な協働関係が構築される前段階であることが確認された。

2　住民に対する期待

回答者が住民に要望する内容は，「受益者負担の意識を高めること」（住民自身でできることは自分たちでする），「住民の発想の転換」（住民1人1人の考え方を旧来の形から転換してほしい），「住民からの盛り上がりを高めること」（住民にやる気を持ってほしい）の4つに大別された。このように，自治体職

員は，住民を住民の自主性や盛り上がりが低いと捉えており，住民が自主性や能動性を高めることを期待していた。

3　住民からの期待認知

住民から行政に向けられた期待の認知は，「補助金の交付」（農業などの事業に関する補助金の交付），「生活エリアの改善」（施設の建設や整備など）といった住民の日常生活に関わる内容と，「庁舎の雰囲気の改善」，「苦情」，「行政手続きへの不満」（行政の手続きの煩雑さなど），「公平な処遇」など，否定的な行政イメージを改善するよう求める内容とが多く挙げられていた。また，以前に住んでいた自治体との比較に基づく「住民サービスのレベルアップ」や，「まちづくり」（安心で安全なまちづくり）といった町政全体に関わる期待内容も一部で挙げられていた。

4　住民に対するイメージ

回答者は，古くから同町に住んでいる住民（以下，旧住民と略記）と，1990年前後のバブル期に同町に転入してきた住民（以下，新住民と略記）との間で対立があることを多く指摘した。自治体職員は，旧住民に対しては，「何事にもあいまいに現状を肯定しようとする感覚」「地区や地域の中で古くからのつながりがある」などと中立的に捉えているのに対し，新住民に対しては，「地域と関係をもちたがっていない」「税金を払っているからと権利意識が強い」などと否定的に捉えていた。このように，自治体職員は，旧住民と新住民に対して特定のイメージを抱く傾向があり，旧住民に対しては，「古くからの地域のつながりが多い環境にあり，集団主義で，役場に対して協力的」と肯定的に捉えているのに対し，新住民に対しては，「地域への関与が少なく個人主義で，役場とのコミュニケーションが難しい」と否定的なイメージを有していると捉えていた。このように，自治体職員は，住民の中でも新住民に対して好ましいイメージを抱いていなかった。

5　協働に必要な事柄

住民と自治体職員とが「協働」するために必要な事柄として挙げられた内容は，「住民の意識改革」（役所に言えば何とかしてくれるなどの住民の安心感や変な勘違いを見直し，住民が意識改革する）と「役所の慣例の見直し」（慣例にとらわれずに職員自身が自主的に考えて仕事をする）とに大別された。この

ように，自治体職員は，協働を進める上では，住民の行政依存を改める意識改革と，役所側の慣例の見直しが必要と捉えていた。

第4項　考　　察

　千葉県松尾町の自治体職員が挙げた協働内容は，日常の行事や地区との関わりが中心であり，実際の活動内容は，行政主導で枠組を作成していた。自治体職員は，住民に対して自主性や盛り上がりが低いと捉えており，住民が自主性や能動性を高めることを期待していた。さらに，自治体職員は，住民の中でも新住民に対して好ましいイメージを抱いていなかった。

　以上をまとめると，千葉県松尾町では，住民と行政との間において，直接的な相互作用を行う場面が少ないため，行政は住民に対して，新・旧住民といった住民に対するイメージをもとに，一方的に自主性や能動性を高めるように期待しているとまとめられる。また，自治体職員が推定した住民から行政に対する期待内容をみると，否定的な行政イメージを改善するように求める内容が多くみられたため，住民も行政に対するイメージを反映した期待を抱いている可能性が考えられる。

第3節　協働初期地域における防犯活動関与者の意識の検討（研究7）

第1項　目　　的

　本節では，協働初期地域に位置づけられる東京都江戸川区において，協働による防犯活動を行っている住民組織リーダーと自治体職員とを対象として面接調査を行い，協働における住民と行政との相互作用や相互の期待内容を把握することを目的とする。

第2項　方　　法

1　調査時期

　2005年8月～9月。

2　調査対象

地域防犯を担当している江戸川区職員2名，および，同区内で防犯活動を行っている3地区の自治会または住民組織（地区協議会）のリーダー計15名（7名，2名，4名）。住民組織リーダーの選出は，江戸川区職員に依頼し，選出された住民組織リーダーに他のリーダーの協力・紹介を求めた。

3　調査方法

筆者による集団形式の半構造化面接法を用いた。面接は，江戸川区関連施設内および自治会の関連施設内で行われ，自治体職員は2名同時に，住民組織リーダーは地区ごとにそれぞれ面接を実施した。実施前に各協力者に対し，研究趣旨とプライバシーの保護及び結果の取り扱いを説明し，全員から承諾を得た。面接の様子は，対象者の承諾の上，機材に録音された。

4　調査項目

[住民組織リーダー]
- （1）防犯活動の内容と発足の経緯
- （2）行政機関との関わりや要望やトラブル
- （3）住民組織内での活動上の課題
- （4）活動の成功理由

[自治体職員]
- （1）住民協働による防犯活動の概要とその効果
- （2）住民組織との関わり方
- （3）行政から住民組織に対する支援内容
- （4）行政から住民組織に対する期待

5　分析手続き

本章第1節と同様。

第3項　結　果

1　住民組織リーダーの意識

（1）活動の概要と開始の契機

調査対象の住民組織で行われていた防犯活動は，いずれの地域においても，犯罪認知件数の増加を受けて，開始時期に若干差があるが，2004年前後から

主に防犯パトロールを実施していた。

住民組織における活動開始の契機は，住民組織リーダーの町の評価に対する懸念や町への愛着，防犯活動の形式に関する住民組織リーダーの提案を契機として行われていることが多かった（「この地域に住んでいて，自分の住んでいるところに悪い人がいるっていうのは，地域のリーダーとしてこんなに情けないことはない」など）。

江戸川区における住民と行政との協働による防犯活動は，平成16年頃からはじまり，面接時期は活動開始後1〜2年の時期であった。そのため，江戸川区は，協働が開始し軌道に乗り始めた段階であると捉えられる。また，活動開始の契機は，地域をよくすることへの思い入れによることが多かった。

（2）行政との関わり方

行政との関わり方は，「行事やキャンペーンへの動員協力」（行政による行事やキャンペーンの際に，町会から一定数の住民を動員すること）と「町会の担当者と行政の担当者との連携」（普段から町会の担当者と役所の担当職員との間で情報の交換をしあうこと）との2つに大別された。その中で，住民組織リーダーは，「行政から新たな提案」や「迅速な対応」がなされたり，行政とのコミュニケーションによって，「町会と行政との信頼関係」や「（町会への）協力の互酬性」が得られたりすると捉えていた。

このように，住民は，行政の活動に協力する中で，行政との信頼関係を築く一方で，行政から，提案や問題に対する対応といった，防犯活動に対する側面的支援を得ていた。

（3）行政への要望・期待

行政への要望については，「防犯活動では，特に要望はなく（期待する）必要ない」「行政は，相談に行ったときにはきちんと対応してくれるのでそれでよい」という回答が得られた。一方で，「回覧などの依頼は別個でなくまとめてほしい」と効率化を求める声もあった。

今後，行政に求める支援について尋ねたところ，「行政からは十分な支援を得ている」「行政に頼らないで住民自身で用意することが本来の姿だ」と述べ，行政に頼らずに住民組織で自立的に活動することの重要性を指摘していた。

このように，住民組織リーダーは，行政に対する期待をあまり抱いておらず，

活動が進展するにつれて，活動や活動組織を拡張し，自立的に活動しようとする意図を有していた。この結果は，活動の進展につれて，住民組織リーダーが活動に対する効力感を高めていたと解釈される。

（4）行政とのトラブルや相互作用

行政とのトラブルは，「あまりない」という回答が多かった。その理由は，「トラブルになりそうなことは，後回しにせずすぐに相談しているため」であった。また，「区は『どうですか』『どうしましょうか』と提案の形で示してくれるから問題ないが，他機関から，『決めたからやってください』と命令されると嫌な気持ちになる」という発言があった。

このように，行政とのトラブルは少ないが，住民は，行政や他機関に対して，住民の自主性を尊重するように期待する傾向があった。

（5）活動の成功理由

住民組織リーダーが防犯活動の成功理由として挙げた内容は，「町会（他地区間）の連携」（行政が機会（地区協議会）を設けたために，住民組織のメンバーが他の地区の人々と情報交換を行い連携していたこと），「地域イベントによる絆の醸成」（地区内で祭などの行事が多く，その都度住民どうしの絆が形成され強くなっていったこと），「会長のリーダーシップ」（フラットで町会経験の長い，企画力と実行力が高いリーダーが就任したこと），「多様な人々の参加」（女性やPTAなど，多様な人々が参加することにより，生活感覚がより反映され，効率のよい運営ができたこと）の4つに大別された。

2　自治体職員の意識

（1）住民組織とのトラブルや相互作用

協働の対象となる住民は，町会・自治会などを中心とした「地区協議会」がほとんどであった。職員は，「住民組織の方は気概を持って活動しておられるので特にトラブルはない」と捉えていた。また，「防犯でも他の活動でも同じ代表者の方であることが多い」という発言があり，住民組織リーダーにかかる負担の大きさを懸念していた。

（2）行政から住民組織に対する期待

職員は，「住民の方々が率先して活動しているので，（行政から）期待や要望はない」「住民の善意の活動であるので，そもそも行政が期待や要望をするこ

とではない」という発言が得られた。このように，区職員は，住民組織リーダーや住民組織の気概や自主性を尊重しつつ，住民組織の活動が円滑に進むように見守っていた。

（3）活動の成功理由

職員は，協働による防犯活動の成功理由として，下町のためイベントが盛んで，普段から人々のつながりがあり，何かあると人々が集まりやすいという「普段からのつながり」の存在と，地区協議会や連合町会など，長い間の「住民の自主的活動の歴史」があったことを挙げた。

第4項　考　察

江戸川区における協働では，行政・住民ともに，相互に期待している内容は少なかったが，一部の住民組織リーダーは，住民の自主性を尊重するような行政との関わりを期待していた。これらの期待内容は，行政との相互作用に関する期待であると捉えられる。住民と行政との相互作用をみると，住民は自主的な活動が重要と捉えているが，行政は，住民の自主性を損なわないように，住民活動の展開に応じて，地区協議会などの仕掛けづくりや，情報提供や提案などを行っていた。また，行政は住民の活動をしっかり見守り，住民活動の不足を補うような側面的支援を行っていたとまとめられる。

第4節　協働進展地域におけるコミュニティ活動関与者の意識の検討（研究8）

第1項　目　的

本節では，協働進展地域に位置づけられる東京都武蔵野市において，コミュニティ運営に関する協働を行っているコミュニティリーダーと自治体職員とを対象として面接調査を行い，コミュニティ活動における住民と行政との相互作用や相互の期待内容を把握することを目的とする。

第 2 項　方　　法

1　調査時期
2007 年 1 月。

2　調査対象
武蔵野市内の 5 つのコミュニティ協議会の役員計 11 名（1 名，4 名，3 名，1 名，2 名；男性 2 名，女性 9 名），武蔵野市のコミュニティ推進係の職員 1 名。

3　調査方法
筆者による集団形式の半構造化面接法。面接は，コミュニティごとに，各コミュニティセンター，または，武蔵野市役所で行われた。実施前に各協力者に対し，研究趣旨とプライバシーの保護および結果の取り扱いを説明し，承諾を得た。面接の様子は対象者の承諾の上，機材に録音された。

4　調査項目
[コミュニティリーダー]
　（1）参加のきっかけと活動内容
　（2）行政に対する期待
　（3）行政とのトラブル
　（4）コミュニティの問題
　（5）今後のコミュニティのあり方
　（6）コミュニティ活動に参加したことによる変化

[自治体職員]
　（1）住民に対するお願いや期待
　（2）住民に対する支援
　（3）住民との相互作用やトラブル
　（4）行政からみた住民像
　（5）職員の意識変化

5　分析手続き
本章第 1 節・第 2 節と同様。

第3項　結　果

1　コミュニティリーダーの意識
（1）参加のきっかけと活動内容
　PTAや青少年問題協議会に参加していたからというきっかけや，民生委員をやっていたからというきっかけが多かった。また，退職をきっかけにした参加したリーダーや，市報をみて参加したというリーダーもいた。
　コミュニティセンターの活動や事業の内容は，地域ごとに多岐にわたっていた。地域によっては，環境問題や外環建設問題などの検討会を行っているコミュニティもあった。運営は，おおむね各コミュニティに共通して，役員（代表委員）と，運営委員（計画や方針などを話し合ったり，事業のリードをとったりする）と，協力委員（事業ごとに参加）とによって行われていた。各コミュニティの上部組織として，全市的にコミュニティの代表が参加するコミュニティ連絡協議会があり，その中には，さまざまな研修会やコミュニティのあり方懇談会などが組織されていた。

（2）行政に対する期待
　行政に対する期待としては，「行政で横の連携を取ってほしい」「役所の職員にコミュニティの仕組みを浸透させてほしい」「行政からのお願いや協力要請が多い」「コミュニティの事情に反する急な依頼をやめてほしい」「自治三原則を担保してほしい」「行政の意向でなく何が住民のためになるかという視点での行政展開をしてほしい」などの内容が挙げられた。このように，行政に対する期待内容は，行政との相互作用期待が中心で，住民と行政との対等な関係を築くための期待や住民の自主性を守るための期待が多かった。

（3）行政との相互作用におけるトラブル
　行政との相互作用におけるトラブルについては，ほとんど報告されなかった。トラブルとまではいかないが，行政がコミュニティの事情を無視して一律に何かをすることに対する不満や，コミュニティ担当以外の部署がすでに実施していることに対して，新規実施の依頼がくることへの疑問などが挙げられた。行政との相互作用において行き詰ったときの対応策として，「住民が行政の仕組みを理解し，交渉術を身につける」「職員の能力を見極める」「行政と率直に話

し合う」などが挙げられた。

（4）コミュニティの問題

コミュニティが抱える問題として，「運営や企画に対する参加者の減少」「参加者の年代層の固定化」「価値観の多様化により委員の供給源が続かない」「役員の負担の大きさ」「コミュニティの今後の展開」「コミュニティ活動の広報・普及」などの問題が挙げられた。このように，コミュニティの抱える問題のうち，コミュニティ運営を担う人材に関する問題が多く挙げられた。

（5）今後のコミュニティのあり方

今後のコミュニティのあり方として，「決まった行事や貸し館（コミュニティセンターの利用スペースの貸し出し）だけでなく，コミュニティのコーディネーターとしての役割を果たすこと」「（市から提案のあった）他コミュニティとのネットワーク事業を展開していくこと」「活動の普及とコミュニティセンター利用者の拡大」「地域の学校や商店街との連携」「地域の人にやさしいコミュニケーションの場」「来れば欲しい情報が何でも得られるコミュニティセンター」などが挙げられた。これらの内容は，地域の核としてのコミュニティの役割に関する内容と，諸団体と連携して活動を展開することとに大別された。

（6）コミュニティ活動を参加したことによる意識変化

コミュニティ活動に参加したことによる意識変化として，「いろいろな人と出会えることで勉強になる」「人的財産を得られる」「地域という新しい世界が開けた」「子どもや人は地域がないと育たない」「究極はボランティア精神」「自治による住みよい町を作ることができるという実感」などが挙げられた。このように，コミュニティに参加することによる学習効果や社会関係の広がりを指摘する発言が多かった。

2　行政職員の意識

（1）行政から住民に対するお願いや期待

行政から住民に投げかけて実施した活動としては，「コミュニティ評価」と「市長とのタウンミーティング」があげられ，評価委員会を設置したり，コミュニティ協議会と行政との共催という形で実施されたりしていた。また，自主三原則があるため，住民に対する具体的な期待は全く挙げられなかった。

（2）行政から住民に対する支援

金銭面では，コミュニティセンターに対する「補助金」と，窓口業務に対する「委託費」であった。補助金は，建物の規模に応じた定型的な部分と，年度ごとに事業内容に基づき配分される非定型的な部分とがあった。また，コミュニティ研究連絡会の事務局としての役割や，各コミュニティでの研修や事業や活動を行う際のアドバイスも行っていた。

（3）住民との相互作用や相互作用上のトラブル

行政職員は，コミュニティリーダーとの関わりの中で具体的な対立はないと捉えていた。また，「自主三原則」があることから，行政はコミュニティ協議会の自主性を尊重するため，活動内容の細部について市から口を挟むことはなく，施設の管理運営やお金の使い方など規則に関することについて，助言やアドバイスをする程度であると述べていた。

一方で，団体によっては，住民リーダーの意識によって，組織運営の仕方が変化することがあるため地域差があるという発言が得られた。こうした地域差やリーダーの非民主的運営は，自主点検やコミュニティ研究連絡会やあり方懇談会などの場で，自主的な改善を求めていた。

（4）行政からみた住民像

行政職員がコミュニティのリーダーとして活躍している人に対して抱いた印象としては，地域活動の経験が長いということが挙げられた。特に，女性では，子育てをきっかけに子どもが小学校に入ると「PTA」，子供が中学校に入ると「青少年問題協議会」，高校以降で子どもが手元を離れると「福祉活動」，地域で慣れてきたところで「コミュニティ活動」という印象があるという回答が得られた。また，行政側も，コミュニティで活動している人や民生委員など，活動歴があり信頼できる人に声をかける傾向もあった。

（5）職員個人の意識変化

コミュニティ担当の部署に就くことで職員は，市民との関わり方がそれまで経験した行政と大きく異なっていたと回答していた。具体的には，従来の経験では「行政の作る組織や会に市民を入れる」という形であったが，コミュニティ担当は，会の開催も含めすべてが「市民主体」で進められていると回答していた。

第4項 考　察

　協働の進展地域である武蔵野市では，コミュニティ方式や自主企画・自主運営・自主参加という「自主三原則」によって，住民の自主的活動の仕組みが整備されていた。その中で，住民は行政に対して，住民自身の自主性を保証した上で，対等なパートナーとして命令を受けない関わりを期待していた。したがって，住民は行政との相互作用に関する期待を抱いていると解釈される。活動内容は，行事や場所貸しから脱して，地域の核となることを志向していた。また，コミュニティ活動への参加は一部の人へ負担が集中しているため，人員の確保が課題であった。これに対し，行政は，市民の活動や意識の向上を肯定的に捉えており，コミュニティを刺激する提案や働きかけを相次いで行っていた。また，コミュニティ活動に関与することや，コミュニティ担当になることによって，関与者に意識変化がみられていた。以上をまとめると，武蔵野市では，コミュニティ運営に携わるリーダーが自主的に地域の問題解決の方法を考えており，協働においては，住民と行政の双方がその都度是々非々で議論を行い，対等関係を築きながら活動しているとまとめられる。

第5節　本章のまとめ

　協働の活動水準が異なる3地域における住民と行政双方の意識は，以下のように整理される。住民から行政に向けられる期待は，千葉県松尾町では，行政と住民の双方において，それぞれに対する一方的なイメージを反映した期待が，江戸川区では，行政に対して住民の自主性を損なう働きかけを嫌う期待が，武蔵野市では，行政に対して住民の自主性を担保した対等な関わりを求める期待が，それぞれ抱かれていた。このうち，江戸川区と武蔵野市における期待は，行政への相互作用に関する期待であると解釈される。

　また，住民と行政との相互作用は，千葉県松尾町では，行政主導的に企画立案していたが，江戸川区では，行政が表に出ず側面的支援に徹する形であり，武蔵野市では，住民・行政の双方が自立して対等に議論する形であった。

　これらの知見は，本章において探索的に行った定性的検討によって得られた

仮説であるため，次章では，定量的データを用いて，これらの住民意識の変化に関する仮説を分析する。

第7章 協働に関する参加および参加に伴う意識変化に関する定量的検討

　第5章における協働の規定因の検討は，対象者が全国各地に分散し，有意抽出された標本に基づいていたため，対象者を特定地域に限定し，地域の特徴を考慮した上で，無作為抽出データで知見を確認する必要があった。そこで，本章では，第1節・第2節において，第6章でとりあげた協働の活動水準別に，協働の初期段階と協働の進展段階に位置づけられる地域の住民を対象として，協働意図・協働経験を規定する要因を検討する。また，第3節では，第6章の定性的検討をふまえ，両地域における協働に関する住民意識の比較を行い，協働の進展に応じた地域住民の意識変化を分析する。

第1節　協働初期地域における協働および防犯活動への参加を規定する要因の検討（研究9）

第1項　目　　的

　協働初期地域に位置づけられる江戸川区を対象として，協働経験および協働意図を規定する要因を明らかにすることを目的とする。江戸川区では，防犯活動における協働と，行政一般に関する協働とが行われている。そこで本節では，両者を合わせた協働全体の規定因を分析したのち，防犯活動に限定した協働の規定因を分析していく。

第2項　方　　法

1　調査時期

　2005年9月。

2 調査方法

江戸川区内に居住する20～69歳の男女800名を対象とした郵送法による調査を実施した。標本抽出は，住民基本台帳に基づき，2段無作為抽出法によって行った。第1段は町丁目であり，人口数に確率比例して20の町丁目を抽出した。第2段は調査対象者であり，等間隔で系統抽出し，1町丁目あたり40名抽出した。

本調査の実施に際して，筑波大学大学院人間総合科学研究科研究倫理委員会の審査と江戸川区の承認を得た。

3 有効回答

有効回答者は，141名であった。回答者の性別は，男性68名，女性71名，不明2名であった。有効回答者の年齢構成は，39歳以下40.8%，40歳代17.1%，50歳代21.4%，60歳以上20.7%であった。住所不明による戻り票は7票で，回収率は17.8%であった。回答者の職業（5%以上）は，事務職・技能職（27.3%），主婦・主夫（22.3%），販売職・サービス職（12.2%），経営者・管理職（8.6%），無職（8.6%），自営業者（7.9%），専門職・自由業（5.0%）であった。

4 調査項目

（1）人口統計学的変数

①**性別**

②**年齢段階**　10歳刻みの6選択肢の中から択一式で回答を求めた。

③**住居形態**　「持ち家1戸建て」「分譲マンション」「賃貸1戸建て」「民間アパート」「社宅・官舎・寮」「その他」の6選択肢の中から択一式で回答を求めた。

④**家族構成**　「おなじ家にお住まいのご家族の中に，以下にあてはまる方がいらっしゃいますか」と尋ね，「就学前乳幼児」「小・中学生」「高校生」「65歳以上の方」「からだの不自由な方」「介護を必要とされる方」の中から多重回答形式で回答を求めた。

⑤**職業**　10選択肢の中から択一式で回答を求めた。

⑥**居住年数**　「あなたは，いまの住所に住みはじめてから，およそ何年になりますか」と尋ね，直接数字を記入するよう求めた。

⑦**最終学歴**　第5章第2節（研究5）と同様に，6選択肢の中から択一式で回答を求めた。解析時には，「小学校・中学校」および「高等学校」と，「各種学校・専修（専門）学校」および「高等専門学校・短期大学」と，「大学・大学院」との3つにカテゴリーを統合した。

⑧**暮らし向き**　「上の上」～「下の下」の9選択肢の中から択一式で回答を求めた。解析時には，「上の上」「上の中」「上の下」を「上」，「下の上」「下の中」「下の下」を「下」とカテゴリーを統合し，計5つのカテゴリーを用いた。

（2）住民と行政との協働に関する内容

①**協働経験**　「あなたは江戸川区の職員と一緒になって行う活動をしていますか，または活動したことがありますか」と尋ね，「現在，活動している」「以前，活動したことがある」「活動したことがない」から択一式で回答を求めた。

②**協働意図尺度**　第5章第2節（研究5）と同様に尋ねた（項目は表7-1参照）。

（3）防犯活動に関する内容

①**防犯活動への参加経験**　「あなたは，地域で行われている防犯活動に参加していますか，参加していませんか」と尋ね，「参加している」「参加していない」の択一式で回答を求めた。

②**地域における防犯活動への参加意図**　防犯活動への参加経験のない者を対象に，「あなたは今後，地域で行われている防犯活動に参加しようと思いますか，思いませんか」と尋ね，「1．ぜひ参加しようと思う」「2．どちらかといえば，参加しようと思う」「3．どちらともいえない」「4．どちらかといえば，参加しようと思わない」「5．参加しようとは思わない」の5件法で回答を求めた。

③**犯罪不安**　「あなたは日本国内のことについて不安を感じていますか」と尋ね，「犯罪の被害にあうのではないかということ」「地域の治安が悪くなること」「少年や少女による凶悪な犯罪が増えること」の3項目の中から，多重回答形式で回答を求めた。

（4）社会的活動性

①**地域内における所属組織数**　第5章第2節（研究5）と同様に尋ねた。

②**近所づきあいの程度**　第5章第2節（研究5）と同様に尋ねた。

（5）地域への愛着

「あなたは，現在住んでいる地域に対して，どの程度愛着をもっていますか」と尋ね，「1．とても愛着をもっている」「2．やや愛着をもっている」「3．あまり愛着をもっていない」「4．まったく愛着をもっていない」の4件法で回答を求めた。解析時には，「まったく愛着をもっていない」が1点，「とても愛着をもっている」が5点となるように得点を逆転させた。

（6）江戸川区内の政治行政への意識

①**政治行政への関心**　「あなたは江戸川区内の政治や行政に対して関心がありますか，ありませんか」と尋ね，「1．まったく関心がない」「2．あまり関心がない」「3．どちらともいえない」「4．やや関心がある」「5．とても関心がある」の5件法で回答を求めた。

②**政治行政への満足感**　「あなたは江戸川区の政治や行政について，どの程度満足していますか，していませんか」と尋ね，「1．非常に満足」「2．やや満足」「3．どちらともいえない」「4．やや不満」「5．非常に不満」の5件法で回答を求めた。解析時には，「非常に不満」が1点，「非常に満足」が5点となるように得点を逆転させた。

③**政治行政への効力感**　「江戸川区民の一般の意見や希望は，江戸川区の政治や行政にどの程度反映されていると思いますか」と尋ね，「1．ほとんど反映されていない」「2．あまり反映されていない」「3．どちらともいえない」「4．まあ反映されている」「5．よく反映されている」の5件法で回答を求めた。

（7）行政に対する期待

第5章第2節（研究5）より抜粋した16項目を用いた。「1．あてはまる」「2．ややあてはまる」「3．あまりあてはまらない」「4．あてはまらない」の4件法で回答を求めた。解析時には，「あてはまらない」が1点，「あてはまる」が4点となるように得点を逆転させた。

第3項　結　果

単純集計結果を資料3に添付する。

表7-1 協働意図尺度に関する主成分分析結果

項目内容（尺度平均3.24）	第1主成分	M
地域や自治体の問題は，行政の人たちと一緒に話し合って，自分たち住民も解決策を見出したい	.84	1.81
地域や自治体のためになるならば，自分たち住民がもっている考えや力を提供したい	.76	1.85
地域の防災計画を考えるときには，行政だけでなく，自分たち住民も積極的に参加するべきだ	.75	1.76
公園など公共空間の整備には，計画段階から自分たち住民も関わって意見を述べることが大切である	.73	1.73
今後の自治体のあり方について，自治体の職員の人たちと一緒に知恵をだしあいたい	.71	2.22
行政から行政運営に関して意見を求められたときには，自分たち住民も積極的に関わりたい	.71	1.87
みんなが共通して使う場所（体育施設や公民館や文化施設など）を建てるときは，行政の方針だけでなく，自分たち住民の意見も反映させたい	.67	1.55
地域や自治体のことは，行政のほうで考えてくれればよいことだ	−.51	3.10
行政が環境対策（リサイクルや資源回収など）を推進した場合には，自分たち住民もすすんで協力や参加をしたい	.45	1.52
地域や自治体のことは，自分たち住民には全く関係のないことだ	−.40	3.52
寄与率	44.5%	

注：項目平均は素データの平均を，尺度平均は逆転後の平均を示す

1　協働経験と意図

　回答者の協働経験は，「現在，活動している（4.3%）」「以前，活動したことがある（9.2%）」「活動したことがない（86.4%）」であった。また，協働意図に関する10項目は，主成分分析を用いて一次元性を確認し，単純加算し尺度化した（α = .85，尺度平均3.24，表7-1）。全体的に行政との協働意図は高かった。

　防犯活動に対する参加経験は，経験者が14.2%，未経験者が85.8%であった。また，未経験者のうち，今後防犯活動に対して，「ぜひ参加しようと思う」「どちらかといえば，参加しようと思う」と高い参加意図を示した者が44.5%，「どちらともいえない」と回答した者が30.3%，「どちらかといえば，参加しようとは思わない」「参加しようとは思わない」と低い参加意図を示した者が25.2%であった。

表 7-2 行政に対する期待に関する因子分析結果（因子パターンと因子間相関，主成分解・プロマックス回転）

	F1	F2	F3	F4	F5	M
F1：情報公開期待（α=.87；M=3.07）						
もっとわかりやすい言葉で説明してほしい	.95	－.12	.13	－.10	－.05	2.12
もっと積極的に情報を発信してほしい	.90	.09	－.04	－.13	.03	1.81
もっと情報公開をしてほしい	.79	.23	－.02	－.09	－.01	1.90
もっと早いスピードで仕事をしてほしい	.67	.03	－.07	.20	－.01	1.90
F2：公共信頼期待（α=.85；M=2.94）						
もっと他人に尽くしてほしい	－.13	.84	.24	－.08	－.04	2.27
もっと社会的貢献度の高い仕事をしてほしい	.08	.72	.21	－.11	.21	2.10
もっと市民の声に耳を傾けてほしい	.16	.68	.05	.07	－.02	2.00
もっと住民とコミュニケーションをとる機会を多くしてほしい	.29	.54	－.06	.06	－.09	2.13
住民との信頼関係を大切にしてほしい	.23	.52	－.16	.28	－.07	1.84
F3：優遇是正期待（α=.81；M=2.37）						
職員の時間外手当を減らしてほしい	－.03	.18	.82	.16	－.04	2.46
職員の休暇を少なくしてほしい	.04	.14	.82	－.03	.01	2.79
F4：慣習改善期待（α=.63；M=3.12）						
ならわしに従って仕事をするのをやめてほしい	－.18	.01	.11	.98	－.04	1.92
事なかれ主義をやめてほしい	.35	－.06	－.02	.56	.17	1.84
F5：改革期待（α=.54；M=2.96）						
もっと利益を考慮して仕事をしてほしい	.10	－.28	.21	.05	.87	2.35
新しいことにどんどん取り組んでいってほしい	－.17	.35	－.28	－.04	.76	1.73
因子間相関　F1		.64	.28	.54	.24	
F2			.23	.48	.29	
F3				.24	.15	
F4					.22	

注：項目平均は素データの平均を，尺度平均は逆転後の平均を示す

2　行政に対する期待の構造

　行政に対する期待に関する16項目について，因子分析（主成分解・プロマックス回転）を行い，解釈可能性から5因子を抽出した（回転前累積寄与率73.4%，表7-2）。第1因子は，住民に対して情報を積極的にわかりやすく提示することを期待する因子と解釈され，「情報公開期待」と命名された。第2因子は，行政が住民と良好なコミュニケーションをとり，信頼されることを期待する因子と解釈し，「公共信頼期待」と命名された。第3因子は，自治体職員が一般よりも優遇されていることを是正するように期待する因子と解釈し，

「優遇是正期待」と命名された。第4因子は，自治体職員が慣習に従うのをやめてほしいという期待であると解釈され，「慣習改善期待」と命名された。第5因子は，自治体職員が仕事内容を新しく改革することを期待する因子と解釈し，「改革期待」と命名された。Cronbachのα係数を算出したところ，第1・第2・第3因子は，.81-.87の十分な信頼性が得られたが，第4・第5因子は信頼性が低かった。各因子に含まれた項目を単純加算し，尺度化した。尺度平均をみると，「情報公開期待」と「慣習改善期待」とが回答者に強く抱かれていた。

3　協働経験・意図を規定する要因

（1）協働全体の経験・意図別にみた諸変数

協働全体の経験・意図を規定する要因を分析するために，以下の3群を設けた。協働経験または防犯活動への参加経験がある者を「経験あり群（$N=31$）」，協働経験または防犯活動への参加経験がない者のうち，協働意図尺度の得点が中央値以下の者を「経験なし・低意図群（$N=61$）」，中央値よりも高い者を「経験なし・高意図群（$N=40$）」とした。これらの3群別に人口統計学的変数との比率の差の検定を行った。その結果，家族に小・中学生がいる（$\chi^2(2)=21.88, p<.01$）で有意な差がみられた。残差分析の結果，家族に小・中学生がいるほど「経験あり」が多く「経験なし・高意図」が少なかった。

次に3群別に，居住年数，社会的活動性，地域への愛着，江戸川区内の政治行政への意識，行政に対する期待，犯罪不安の差の検定を行った（表7-3）。その結果，近所づきあいと地域内所属組織数とは，「経験あり群」がその他の群よりも高かった。政治行政への関心と公共信頼期待と慣習改善期待とは，「経験なし・高意図群」が「経験なし・低意図群」よりも高かった。

（2）協働全体の経験・意図を規定する要因

協働全体の経験・意図を規定する要因を検討するために，協働全体の経験・意図に関する3群を従属変数，人口統計学的変数（性別，年齢段階，居住年数，最終学歴，所属階層意識，家族構成），社会的活動性2指標，地域への愛着，江戸川区内の政治行政への意識3指標，行政への期待5尺度を独立変数とするステップワイズ法による判別分析を行った（正判別率59.4%）。人口統計学的変数については，各カテゴリーについてダミー変数を作成し投入した。投入さ

第1節 協働初期地域における協働および防犯活動への参加を規定する要因の検討（研究9）

表7-3 協働全体の経験・意図別にみた諸変数

		N	M	SD	F値 (df)	多重比較
居住年数	経験あり	31	20.61	16.36	2.30	
	経験なし・低意図	61	13.90	12.58	(2,129)	
	経験なし・高意図	40	17.22	15.43		
近所づきあい	経験あり	31	3.23	0.88	11.69	経験あり＞経験
	経験なし・低意図	61	2.18	0.97	(2,129)	なし低意図，経
	経験なし・高意図	40	2.58	1.06	**	験なし高意図
地域内所属組織数	経験あり	31	1.81	1.14	20.28	経験あり＞経験
	経験なし・低意図	61	0.61	0.78	(2,129)	なし低意図，経
	経験なし・高意図	40	0.88	0.72	**	験なし高意図
地域への愛着	経験あり	31	3.29	0.86	2.40	
	経験なし・低意図	60	2.95	0.59	(2,128)	
	経験なし・高意図	40	3.15	0.80		
政治行政への関心	経験あり	31	3.71	1.04	5.44	経験なし高意図
	経験なし・低意図	61	3.52	0.92	(2,129)	＞経験なし低意
	経験なし・高意図	40	4.13	0.72	**	図
政治行政への満足	経験あり	29	3.48	1.06	0.41	
	経験なし・低意図	61	3.33	0.81	(2,126)	
	経験なし・高意図	39	3.28	1.02		
政治行政への効力感	経験あり	29	3.14	0.99	0.41	
	経験なし・低意図	61	3.00	0.63	(2,127)	
	経験なし・高意図	40	2.98	0.83		
情報公開期待	経験あり	29	3.06	0.83	2.39	
	経験なし・低意図	60	2.95	0.69	(2,124)	
	経験なし・高意図	38	3.28	0.71		
公共信頼期待	経験あり	30	2.99	0.63	4.81	経験なし高意図
	経験なし・低意図	60	2.76	0.67	(2,125)	＞経験なし低意
	経験なし・高意図	38	3.17	0.59	**	図
優遇是正期待	経験あり	28	2.61	0.83	1.75	
	経験なし・低意図	60	2.26	0.85	(2,123)	
	経験なし・高意図	38	2.43	0.82		
慣習改善期待	経験あり	29	3.05	0.78	4.11	経験なし高意図
	経験なし・低意図	60	3.03	0.69	(2,124)	＞経験なし低意
	経験なし・高意図	38	3.43	0.68	*	図
改革期待	経験あり	29	2.95	0.72	2.63	
	経験なし・低意図	59	2.83	0.65	(2,123)	
	経験なし・高意図	38	3.16	0.72		
犯罪不安	経験あり	31	2.00	0.97	0.81	
	経験なし・低意図	61	1.92	1.02	(2,129)	
	経験なし・高意図	40	2.18	0.98		

$*p<.05,\ **p<.01$

表 7-4 協働全体の経験と意図とに関する判別分析結果

		係数 1	係数 2
独立変数	地域内所属組織数	0.81	0.20
	政治行政への関心	−0.22	0.66
	公共信頼期待	0.28	0.56
	家族に小中学生	0.49	−0.41
重心	経験あり	1.23	−0.08
	経験なし低意図	−0.41	−0.35
	経験なし高意図	−0.25	0.62

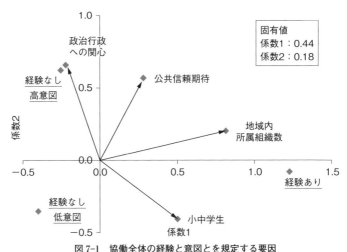

図 7-1 協働全体の経験と意図とを規定する要因
(矢印は独立変数の判別係数を,下線は従属変数の重心をそれぞれ示す)

れた独立変数の正準判別係数と従属変数の重心を表 7-4 と図 7-1 に示す。行政に対する公共信頼期待と政治行政への関心とが高い者ほど協働意図が高く,家族に小中学生がおり,地域内所属組織数が多い者ほど,協働全体の経験が高かった。

(3) 防犯活動経験別にみた諸変数

防犯活動経験に影響を与える要因を検討するために,以下の 3 群を設けた。防犯活動への参加経験がある者を「経験あり群 ($N=20$)」,防犯活動への参加経験がない者のうち,今後の防犯活動に対して,「ぜひ参加しようと思う」「ど

第1節　協働初期地域における協働および防犯活動への参加を規定する要因の検討（研究9）

表7-5　防犯活動経験・意図別にみた諸変数

		N	M	SD	F値（df）	多重比較
居住年数	経験あり	20	17.40	18.17	0.17	
	経験なし・高意図	89	17.14	14.05	(2,136)	
	経験なし・低意図	30	15.42	14.37		
近所づきあい	経験あり	20	3.25	0.85	8.42	経験あり＞経験
	経験なし・高意図	89	2.53	1.00	(2,136)	なし高意図，経
	経験なし・低意図	30	2.07	1.08	**	験なし低意図
地域内所属組織数	経験あり	20	2.00	1.12	15.54	経験あり，経験
	経験なし・高意図	89	0.87	0.84	(2,136)	なし高意図＞経
	経験なし・低意図	30	0.67	0.88	**	験なし低意図
地域への愛着	経験あり	20	3.30	0.80	1.53	
	経験なし・高意図	88	3.09	0.75	(2,135)	
	経験なし・低意図	30	2.93	0.58		
政治行政への関心	経験あり	20	3.75	0.91	11.26	経験あり＞経験
	経験なし・高意図	89	3.94	0.77	(2,136)	なし高意図，経
	経験なし・低意図	30	3.07	1.11	**	験なし低意図
政治行政への満足	経験あり	18	3.33	0.77	0.27	
	経験なし・高意図	88	3.38	1.00	(2,133)	
	経験なし・低意図	30	3.23	0.73		
政治行政への効力感	経験あり	18	2.89	0.83	0.43	
	経験なし・高意図	89	3.03	0.82	(2,134)	
	経験なし・低意図	30	3.10	0.55		
情報公開期待	経験あり	18	3.33	0.49	2.57	
	経験なし・高意図	86	3.10	0.72	(2,130)	
	経験なし・低意図	29	2.85	0.84		
公共信頼期待	経験あり	19	3.17	0.45	4.95	経験あり，経験
	経験なし・高意図	86	3.00	0.63	(2,131)	なし高意図＞経
	経験なし・低意図	29	2.65	0.67	**	験なし低意図
優遇是正期待	経験あり	17	2.41	0.59	3.36	経験なし高意図
	経験なし・高意図	86	2.49	0.88	(2,129)	＞経験なし低意
	経験なし・低意図	29	2.03	0.79	*	図
慣習改善期待	経験あり	18	3.08	0.77	2.04	
	経験なし・高意図	86	3.22	0.73	(2,130)	
	経験なし・低意図	29	2.91	0.66		
改革期待	経験あり	17	2.91	0.67	0.63	
	経験なし・高意図	85	3.01	0.68	(2,128)	
	経験なし・低意図	29	2.84	0.73		
犯罪不安	経験あり	20	2.05	0.94	1.31	
	経験なし・高意図	89	2.07	1.01	(2,136)	
	経験なし・低意図	30	1.73	0.98		

*$p<.05$,　**$p<.01$

表 7-6 防犯活動に関する協働経験・協働意図に関する判別分析結果

		係数 1	係数 2
独立変数	家族に就学前乳幼児	0.41	0.36
	家族に小中学生	0.53	−0.42
	地域内所属組織数	0.60	−0.25
	政治行政への関心	0.13	0.85
	公共信頼期待	0.41	0.16
重心	経験あり	1.96	−0.52
	経験なし高意図	−0.07	0.34
	経験なし低意図	−0.82	−0.72

ちらかといえば，参加しようと思う」「どちらともいえない」と回答した者を「経験なし・高意図群（$N=89$）」，「どちらかといえば，参加しようとは思わない」「参加しようとは思わない」と回答した者を「経験なし・低意図群（$N=30$）」とした。これらの 3 群別に人口統計学的変数との比率の差の検定を行った。その結果，家族に就学前乳幼児がいる（$\chi^2(2) = 10.81, p < .01$），家族に小・中学生がいる（$\chi^2(2) = 30.69, p < .01$）で有意差がみられた。残差分析の結果，家族に就学前乳幼児がいる層では，「経験あり群」が多く「経験なし・低意図群」が少なく，家族に小・中学生がいる層では，「経験あり群」が多く「経験なし・高意図群」が少なかった。

次に，3 群別に居住年数，社会的活動性，江戸川区内の政治行政への意識，行政に対する期待，犯罪不安の差の検定を行った（表 7-5）。その結果，近所づきあいと地域内所属組織数とは，「経験あり群」がその他の群より高く，政治行政への関心と公共信頼期待は「経験なし・低意図群」がその他の群より低かった。優遇是正期待は「経験なし・高意図群」が「経験なし・低意図群」よりも高かった。

（4）防犯活動経験を規定する要因

防犯活動経験を規定する要因を検討するために，防犯活動経験に関する 3 群を従属変数，（2）の分析で用いた変数に犯罪不安を加えた変数を独立変数とするステップワイズ法による判別分析を行った（正判別率 67.2%，表 7-6，図 7-2）。犯罪不安は，犯罪不安に関する 3 項目を加算して指標化した。その結果，

第1節　協働初期地域における協働および防犯活動への参加を規定する要因の検討（研究9）　95

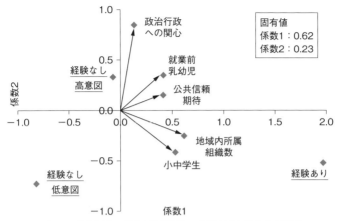

図7-2　防犯活動に対する協働経験・協働意図を規定する要因
（矢印は独立変数の判別係数を，下線は従属変数の重心をそれぞれ示す）

家族に就学前乳幼児がおり，政治行政への関心と行政に対する公共信頼期待とが高いほど，防犯活動への参加意図が高くなり，家族に小中学生がおり，地域における所属組織数が多い者ほど防犯活動参加経験が高かった。

第4項　考　察

本節では，協働初期地域である江戸川区において，無作為抽出データを用いて，協働経験と協働意図とを規定する要因を分析した。行政に対する期待は，行政に対するイメージに基づく，「優遇是正期待」「慣習改善期待」「改革期待」と，行政との相互作用に関する「情報公開期待」「公共信頼期待」とに分類され，回答者は「慣習改善期待」と「情報公開期待」とを強く抱いていた。協働全体を規定する要因と防犯活動における協働に特化した規定因とを比較すると，行政に対する「公共信頼期待」と政治行政への関心とが協働意図を，家族に小中学生がいることと地域内所属組織数とが協働経験に共通して影響を与えていた。これらに加えて，防犯活動における協働では，家族に乳幼児がいる場合に協働意図が高かった。このように，防犯活動に限定した協働の規定因をみると，子どもや家族の安全を守るという，活動の進展から受ける個人または家族に対する利益，すなわち，受益性によって，防犯活動への参加が促進すると考えら

れる。行政に対する「公共信頼期待」が，行政との相互作用に関する期待であることふまえると，協働初期地域において，協働経験または協働意図を規定する要因は，行政に対する相互作用期待と，地域における社会的活動性，政治行政への関心，活動から受ける受益性であると整理される。ただし，活動から受ける受益性は，従来の研究で指摘されておらず，本節における検討によって新たに考察された規定因であるため，次節の検討では，活動が進展することによる受益性を協働の規定因に加えて直接検討する。また，本節で実施した調査の有効回収率がやや低かった。そこで，次節の検討では，回収率を高める工夫が必要である。

第2節　協働進展地域における協働およびコミュニティ運営への参加を規定する要因の検討（研究10）

第1項　目　的

　協働進展地域に位置づけられる武蔵野市民を対象として，協働経験および協働意図を規定する要因と参加による意識変化を検討することを目的とする。なお，武蔵野市では，コミュニティ活動と行政一般に関する協働とが展開している。そこで，第1節と同様に，両経験を合わせた協働全体の規定因を検討したのち，コミュニティ活動に限定した協働の規定因を分析していく。

第2項　方　法

1　調査時期

　2007年5月下旬に，協力依頼はがきを送り，6月初旬に調査票と謝礼を送付した。調査票返送の締め切りは6月15日としたが，6月下旬に，回答が確認できない対象者に対し督促はがきを1回送り，7月13日を最終締め切りとして，回収を打ち切った。

2　調査方法

　武蔵野市内に居住する20～69歳の男女600名を対象とした郵送法による調査を実施した。標本抽出は，住民基本台帳に基づき，2段無作為抽出法によっ

て行った。第1段は町丁目であり，人口数に確率比例して20の町丁目を抽出した。第2段は調査対象者であり，等間隔で系統抽出し，1町丁目あたり30名抽出した。

本調査の実施に際して，筑波大学大学院人間総合科学研究科研究倫理委員会と武蔵野市の審査および承認を得た。

3 有効回答

有効回答者は，296名であった。回答者の性別は，男性106名，女性189名，不明1名であった。有効回答者の年齢構成は，20歳代11.9％，30歳代24.1％，40歳代21.4％，50歳以上22.8％，60歳代19.7％であった。住所不明や所在不明による戻り票は13票で，回収率は50.4％であった。回答者の職業（5％以上）は，「主婦・主夫（27.6％）」「事務職・技能職（24.2％）」「経営者・管理職（9.2％）」「自営業者（7.2％）」「販売職・サービス職（7.2％）」「学生（5.5％）」「無職（5.5％）」であった。

4 調査内容

（1） 人口統計学的変数

第1節（研究9）と同様の変数を用いた。このうち，居住年数については，「1年未満」「1年以上5年未満」「5年以上10年未満」「10年以上15年未満」「15年以上20年未満」「20年以上」の6選択肢の中から択一式で回答を求めた。

（2） 社会的活動性

①地域内における所属組織数　　第1節（研究9）と同様に尋ねた。
②近所づきあいの程度　　第1節（研究9）と同様に尋ねた。

（3） 地域への愛着（4件法）

第1節（研究9）と同様に尋ねた。

（4） 武蔵野市内の政治行政への意識

①政治行政への関心　　第1節（研究9）と同様に尋ねた。
②政治行政への満足感　　第1節（研究9）と同様に尋ねた。
③政治行政への効力感　　第1節（研究9）と同様に尋ねた。

（5） 行政に対する期待

第5章における「ふれあい情報公開期待」と，第1節における「公共信頼期待」とに含まれた9項目に，新たに行政との相互作用に対する期待として，第

6章の結果をふまえ9項目追加し，計18項目を用いた。「1．あてはまる」「2．ややあてはまる」「3．あまりあてはまらない」「4．あてはまらない」の4件法で回答を求めた。解析時には，「あてはまらない」が1点，「あてはまる」が4点となるように得点を逆転させた。

（6）協働意図尺度

第5章第2節（研究5）と同様に，項目の表現を一部改変して尋ねた（項目内容は表7-10参照）。

（7）自己犠牲規範尺度

研究10では「他者志向性」の指標として，「自己犠牲を含む愛他的行動を指示する規範意識」を測定している。箱井・高木（1987）の援助規範尺度における自己犠牲規範尺度を用いた。測定には，自己犠牲規範尺度より5項目を抜粋して用いた（項目内容は表7-11参照）。

（8）コミュニティ活動に対する評価

コミュニティ・センターやコミュニティ活動に関する評価について，第6章第3節（研究8）を参考に，独自に6項目を作成した（表7-7）。

（9）コミュニティ活動からの受益性

コミュニティ活動が活発になることに伴う個人または家族に対する受益性について，独自に4項目作成した。「1．おおいにある」「2．まあまあある」「3．あまりない」「4．まったくない」の4件法で回答を求めた（表7-8）。解析時には，「まったくない」が1点，「おおいにある」が4点となるように得点を逆転させた。

(10) 住民と行政との協働への参加に関する内容

①**協働経験**　「あなたは武蔵野市の職員と一緒になって行う活動（たとえば，検討会議，まちづくり，環境活動，地域の問題解決など）に参加したことがありますか」と尋ね，「現在，参加している」「以前，参加したことがある」「参加したことがない」から択一式で回答を求めた。

②**参加のきっかけ**　①で「現在，参加している」「以前，参加したことがある」と回答した者に対し，「あなたが，活動に参加しようと思ったきっかけは何ですか」と尋ね，14選択肢の中から多重回答形式で回答を求めた。選択肢は，「友人・知人に誘われたから」「広報やちらしをみたから」「みずからすす

第2節　協働進展地域における協働およびコミュニティ運営への参加を規定する要因の検討（研究10）

表7-7　コミュニティ活動に対する評価に関する項目内容

現在のコミュニティセンターやコミュニティの活動は……
　（回答）1．行政主導で企画されている，2．一部の住民主導で企画されている，3．多くの住民の声に基づいて企画している

現在のコミュニティセンターやコミュニティの活動に関わっている人たちは，……
　（回答）1．行政に頼っている，2．ときどき行政に頼っている，3．住民が自立している，4．完全に住民が自立している

現在のコミュニティセンターやコミュニティの活動において，住民と行政の間には，……
　（回答）1．まったく信頼しあっていない，2．あまり信頼しあっていない，3．互いに信頼しあっている，4．十分に信頼しあっている

行政は，住民たちが行うコミュニティやコミュニティセンターの活動について……
　（回答）1．とても不安を抱いている，2．やや不安を抱いている，3．やや安心している，4．とても安心している

住民たちは，コミュニティセンターやコミュニティの活動をする上で，行政から……
　（回答）1．多くの支援を受けている，2．少し支援を受けている，3．あまり支援を受けていない，4．まったく支援を受けていない

現在，コミュニティセンターやコミュニティの活動に関わっている人たちは，一般の住民に対して……
　（回答）1．とても閉鎖的だ，2．やや閉鎖的だ，3．やや開放的だ，4．とても開放的だ

表7-8　受益性に関する項目内容

コミュニティ活動が活発になることによって，「あなた自身」に，よいことや得になることがありますか
コミュニティ活動がもりあがることによって，あなたの住む「地域」に，よいことや得になることがありますか
コミュニティ活動が活発になることによって，「あなたの家族」に，よいことや得になることがありますか
コミュニティ活動がもりあがることによって，「あなたのお子さんやお孫さん」に，よいことや得になることがありますか

んで」「地域における問題が多くなってきたから」「時間に余裕があったから」「地域の行事のひとつだったから」「所属組織の中で決められた役割だったから」「活動を通して，友人や仲間をふやしたかったから」「自分自身の人間性を高めたかったから」「地域活動に興味があったから」「社会の役に立ちたいと思ったから」「地域に悪い評判がたつのがいやだったから」「何となく」「その他」であった。

③参加による意識変化　　①で「現在，参加している」「以前，参加したことがある」と回答した者に対し，「あなたは，活動に参加されて以下のような変化がありましたか」と尋ね，10選択肢の中から多重回答形式で回答を求めた。選択肢は，「友人関係の輪がひろがった」「やりがいを感じ満たされた気持ちになった」「地域に貢献しようという気持ちが高まった」「地域や行政のことを勉強することができた」「活動している住民組織でさまざまな活動をしようと思うようになった」「多数の人々と関わりをもつことができた」「地域の人と力をあわせれば，何でもできるという気持ちが強まった」「自分の住んでいる地域に対する愛着が高まった」「その他」「とくに変化はない」であった。

④行政とのトラブル経験　　①で「現在，参加している」「以前，参加したことがある」と回答した者に対し，「あなたがいままで活動に参加された中で，行政の職員との間に以下のようなトラブルを経験したことがありますか」と尋ね，11選択肢の中から多重回答形式で回答を求めた。選択肢は，「行政の考えと住民の考えの間にズレがあった」「行政が，必要な情報を提示してくれなかった」「行政が，時間的に無理な要請をしてきた」「行政の方針があいまいで，混乱が生じた」「行政が閉鎖的で，住民と一緒に活動する気がなかった」「行政から住民側に対する『お願い』や『協力要請』が多かった」「行政が，住民の活動に対して不信感や不安感を抱いていた」「行政職員によって，活動に対する考え方が異なり，困った」「住民が提案したのにも関わらず，行政に『個人の意見ではないか』といわれた」「その他」「とくにない」であった。

(11) コミュニティ運営への参加に関する内容

①運営への参加経験　　「あなたは，武蔵野『コミュニティ』や『コミュニティ・センター』の運営に参加したことがありますか」と尋ね，「現在，参加している」「以前，参加したことがある」「参加したことがない」の中から択一式で回答を求めた。

②参加のきっかけ　　（10）と同様に尋ねた。

③参加による意識変化　　（10）と同様に尋ねた。

④行政とのトラブル経験　　（10）と同様に尋ねた。

第3項 結　果

単純集計結果を資料4に添付する。
1　協働経験と意図

協働に関して，「現在，参加している」と「以前，参加したことがある」とをあわせた，参加経験者は5.8%，「参加したことがない」と回答した未経験者は94.2%であった。

コミュニティやコミュニティ・センターの運営に関して，「現在，参加している」と「以前，参加したことがある」とをあわせた，参加経験者は12.8%，「参加したことがない」と回答した未経験者は87.2%であった。今後の参加意図は，「ぜひ参加しようと思う（3.2%）」，「どちらかといえば，参加しようと思う（15.1%）」，「どちらともいえない（49.6%）」，「どちらかといえば，参加しようとは思わない（10.7%）」，「参加しようとは思わない（21.4%）」であった。

2　尺度構成
（1）行政に対する期待の構造

行政に対する期待18項目について，因子分析（主因子法・プロマックス回転）を行った。いずれの因子にも高い負荷を示す項目や複数の因子に高い負荷を示す項目を除き，最終的に15項目について分析を行い，解釈可能性から4因子を抽出した（回転前累積寄与率65.8%，表7-9）。

第1因子は，自治体職員が住民と親身なコミュニケーションを行い，公共的な仕事を推進することを期待する因子と解釈され，「公共性・親身さ期待」と命名された。第2因子は，自治体職員が住民と関わるときに住民の自主性を認めるよう期待する因子と解釈され，「自主性担保期待」と命名された。第3因子は，自治体職員が住民と関わるときに行政の持つ情報を正確に開示することを期待する因子と解釈され，「情報開示期待」と命名された。第4因子は，自治体職員が住民と関わるときに行政の役割のみを全うするように期待する因子と解釈され，「限定関与期待」と命名された。尺度平均をみると，特に，「情報開示期待」が回答者に強く抱かれていた。

表7-9 行政に対する期待に関する因子分析結果（因子パターンと因子間相関，主因子法・プロマックス回転）

	F1	F2	F3	F4	M
F1：公共性・親身さ期待（$\alpha=.87$, $M=2.98$）					
もっと住民とコミュニケーションをとる機会を多くしてほしい	.78	−.12	−.09	.03	2.29
もっと積極的に情報を発信してほしい	.75	−.02	.05	−.07	1.96
住民との信頼関係を大切にしてほしい	.74	.02	.03	−.06	1.87
もっと市民の声に耳を傾けてほしい	.73	.01	.07	−.03	1.92
もっとわかりやすい言葉で説明してほしい	.71	−.05	−.01	−.02	2.13
もっと早いスピードで仕事をしてほしい	.60	.08	−.01	.09	2.05
もっと社会的貢献度の高い仕事をしてほしい	.58	.09	.09	−.03	2.06
ならわしに従って仕事をするのをやめてほしい	.50	.08	−.15	.12	1.93
F2：自主性担保期待（$\alpha=.83$, $M=2.94$）					
住民と関わるときに，行政は住民たちの自主性を認めてほしい	−.09	.96	−.07	.00	2.10
住民と関わるときに，行政には住民たちのことをもっと信頼してほしい	.05	.76	.12	−.09	2.04
住民と接する際に，行政は住民たちの運営方針を尊重してほしい	.13	.51	.05	.16	2.04
F3：情報開示期待（$\alpha=.81$, $M=3.46$）					
住民と関わるときに，行政はもっとわかりやすく提示してほしい	.01	−.05	.93	.01	1.59
住民と関わるときに，行政は住民に対して本当の情報を提供してほしい	−.05	.11	.72	.00	1.49
F4：限定関与期待（$\alpha=.52$, $M=2.41$）					
行政は，住民と関わるときに住民の活動にあまり口を出してほしくない	.00	−.04	.09	.77	2.48
住民と関わるときには，行政は，本来行政のやるべき仕事だけをまっとうしてくれればよい	.00	.03	−.07	.44	2.69
因子間相関　F1		.56	.61	.22	
F2			.68	.47	
F3				.32	

注：項目平均は素データの平均を，尺度平均は逆転後の平均を示す

（2）協働意図尺度

　第5章に従い，主成分分析を行ったところ，いずれの項目も，第1主成分におおむね高い負荷が得られた（表7-10）。

　また，Cronbach の α 係数を算出したところ，.82の十分な信頼性が確認さ

第 2 節　協働進展地域における協働およびコミュニティ運営への参加を規定する要因の検討（研究10）

表 7-10　協働意図尺度に関する主成分分析結果

項目内容（尺度平均3.05）	第 1 主成分	M
地域や自治体の問題は，行政の人たちと一緒に話し合って，自分たち住民も解決策を見いだしたい	.78	1.86
行政から行政運営に関して意見を求められたときには，自分たち住民も積極的に関わりたい	.77	2.00
住民たちの考えやアイデアで，地域やコミュニティを活性化していきたい	.72	1.98
今後の自治体のあり方について，自治体の職員の人たちと一緒に知恵をだしあいたい	.70	2.10
地域や自治体のことは，自分たち住民には全く関係のないことだ	－.64	3.40
地域の問題は，行政にまかせておけば，うまく解決してくれると思う	－.61	3.17
地域や自治体のことは，行政のほうで考えてくれればよいことだ	－.59	2.90
行政が環境対策（リサイクルなど）を推進した場合には，自分たち住民もすすんで協力や参加をしたい	.56	1.54
行政ではなく，私たち住民の知恵こそが，住みよい町をつくっていくと思う	.45	2.17
地域をよくすることは，行政ではなく，自分たち住民の仕事だ	.37	2.36
	寄与率	39.9%

注：項目平均は素データの平均を，尺度平均は逆転後の平均を示す

表 7-11　自己犠牲規範尺度に関する主成分分析結果

項目内容	第 1 主成分	M
自分が不利になるのなら，困っている人を助けなくともよい	.77	2.80
自己を犠牲にしてまでも，人を助ける必要はない	.77	2.62
自分の利益より，相手の利益を優先して，手助けすべきである	－.74	2.53
社会の利益よりも，自分の利益を第一に考えるべきである	.68	2.81
人が困っているときには，自分がどんな状況にあろうとも，助けるべきである	－.66	2.15
	寄与率	52.8%

注：項目平均は素データの平均を，尺度平均は逆転後の平均を示す

れたため，単純加算して尺度化した。尺度得点の基礎統計を表 7-14 に示す。

（3）自己犠牲規範尺度

主成分分析を行ったところ，いずれの項目も第 1 主成分に .40 以上の高い負荷を示した（表 7-11）。

また，Cronbach の α 係数を算出したところ，.76 の十分な信頼性が確認さ

表7-12 コミュニティ対する評価に関する主成分分析結果

項目内容	第1主成分	M
行政は，住民たちが行うコミュニティやコミュニティセンターの活動について……	.76	2.88
現在のコミュニティセンターやコミュニティの活動において，住民と行政の間には，……	.72	2.74
現在，コミュニティセンターやコミュニティの活動に関わっている人たちは，一般の住民に対して……	.70	2.75
現在のコミュニティセンターやコミュニティの活動に関わっている人たちは，……	.64	2.23
現在のコミュニティセンターやコミュニティの活動は……	.60	2.07
寄与率	47.0%	

れたため，解釈の方向に合わせて単純加算して尺度化した。尺度得点の基礎統計を表7-14に示す。

(4) コミュニティ活動に対する評価

(3) と同様に，コミュニティ活動に対する評価に対する6項目について主成分分析を行ったところ，1項目を除いて，第1主成分に.40以上の高い負荷を示した（表7-12）。負荷の低かった1項目（住民たちは，コミュニティセンターやコミュニティの活動をする上で，行政から……「多くの支援を受けている」～「まったく支援を受けていない」）を除いて，Cronbachのα係数を算出したところ，.71の十分な信頼性が確認された。そこで，5項目を単純加算し尺度化し，「コミュニティに対する自主的民主的評価」の指標とした。尺度得点の基礎統計を表7-14に示す。

(5) コミュニティ活動からの受益性

(3) と同様に，受益性に関する4項目について主成分分析を行ったところ，いずれの項目も第1主成分に.40以上の高い負荷を示した（表7-13）。

Cronbachのα係数を算出したところ，.86の十分な信頼性が確認されたため，4項目を単純加算し受益性の指標とした。尺度得点の基礎統計を表7-14に示す。

3 協働経験・意図を規定する要因

(1) 協働全体の経験・意図別にみた諸変数

協働全体の経験・意図を規定する要因を分析するために，以下の3群を設け

第2節　協働進展地域における協働およびコミュニティ運営への参加を規定する要因の検討（研究10）

表7-13　コミュニティ活動からの受益性に関する主成分分析結果

項目内容	第1主成分	M
コミュニティ活動が活発になることによって，「あなたの家族」に，よいことや得になることがありますか	.88	2.29
コミュニティ活動がもりあがることによって，「あなたのお子さんやお孫さん」に，よいことや得になることがありますか	.85	2.20
コミュニティ活動が活発になることによって，「あなた自身」に，よいことや得になることがありますか	.83	2.28
コミュニティ活動がもりあがることによって，あなたの住む「地域」に，よいことや得になることがありますか	.79	2.01
寄与率	70.5%	

注：項目平均は素データの平均を示す

表7-14　尺度得点の基礎統計一覧

	N	項目数	最小値	最大値	平均値	標準偏差	理論分布	α係数
協働意図尺度	284	10	1.7	4.0	3.05	0.41	1〜4	.82
自己犠牲規範尺度	284	5	1.6	4.0	2.71	0.45	1〜4	.76
コミュニティに対する自主的民主的評価	232	5	1.2	3.8	2.54	0.42	1〜3.8	.71
受益性	250	4	1.0	4.0	2.83	0.63	1〜4	.86

注：尺度平均は，逆転後の値を示す

た。協働経験またはコミュニティ活動への参加経験がある者を「経験あり群（$N=43$）」，協働経験またはコミュニティ活動への参加経験がない者のうち，協働意図尺度の得点が中央値以下の者を「経験なし・低意図群（$N=132$）」，中央値よりも高い者を「経験なし・高意図群（$N=105$）」とした。これらの3群別に人口統計学的変数との比率の差の検定を行った。その結果，年齢段階（$\chi^2(2)=25.69, p<.01$）で有意な差がみられ，残差分析の結果，「経験あり群」は40歳代・50歳代で多く，「経験なし・低意図群」は30歳代で多く，「経験なし・高意図群」は60歳以上で多かった。

次に3群別に，居住年数，社会的活動性，地域への愛着，武蔵野市内の政治行政への意識，行政に対する期待，自己犠牲規範尺度，受益性，コミュニティに対する自主的民主的評価の差の検定を行った（表7-15）。

その結果，居住年数，近所づきあい，地域内所属組織数は，「経験あり群」がその他の群より高く，地域への愛着，政治行政への関心，受益性は「経験な

表7-15 協働全体の経験・意図別にみた諸変数

		N	M	SD	F値(df)	多重比較
居住年数	経験あり	43	4.65	1.43	5.47 (2,276) **	経験あり>経験なし低意図, 経験なし高意図
	経験なし・低意図	131	3.69	1.71		
	経験なし・高意図	105	3.83	1.73		
近所づきあい	経験あり	42	2.98	0.84	9.61 (2,276) **	経験あり>経験なし低意図, 経験なし高意図
	経験なし・低意図	132	2.23	0.99		
	経験なし・高意図	105	2.45	0.99		
地域内所属組織数	経験あり	43	1.63	1.27	39.06 (2,277) **	経験あり, 経験なし高意図>経験なし低意図
	経験なし・低意図	132	0.36	0.66		
	経験なし・高意図	105	0.57	0.77		
地域への愛着	経験あり	43	3.63	0.49	7.39 (2,277) **	経験あり, 経験なし高意図>経験なし低意図
	経験なし・低意図	132	3.25	0.68		
	経験なし・高意図	105	3.50	0.68		
政治行政への関心	経験あり	43	4.23	0.78	23.25 (2,277) **	経験あり・経験なし高意図>経験なし低意図
	経験なし・低意図	132	3.40	1.00		
	経験なし・高意図	105	4.14	0.93		
政治行政への満足	経験あり	43	3.19	0.88	3.26 (2,277) *	経験なし高意図>経験なし低意図
	経験なし・低意図	132	3.10	0.79		
	経験なし・高意図	105	3.37	0.84		
政治行政への効力感	経験あり	43	3.21	0.74	0.92 (2,277)	
	経験なし・低意図	132	3.08	0.63		
	経験なし・高意図	105	3.20	0.85		
公共性・親身さ期待	経験あり	42	23.93	4.16	0.87 (2,272)	
	経験なし・低意図	128	23.52	4.29		
	経験なし・高意図	103	24.30	4.87		
自主性担保期待	経験あり	42	8.57	2.17	5.99 (2,271) **	経験なし高意図>経験なし低意図
	経験なし・低意図	127	8.51	1.91		
	経験なし・高意図	105	9.37	1.95		
情報開示期待	経験あり	43	6.86	1.57	2.24 (2,271)	
	経験なし・低意図	126	6.79	1.41		
	経験なし・高意図	105	7.15	1.12		
限定関与期待	経験あり	43	4.74	1.22	0.19 (2,274)	
	経験なし・低意図	129	4.84	1.20		
	経験なし・高意図	105	4.89	1.35		
自己犠牲規範	経験あり	40	11.88	2.51	3.63 (2,267) *	n.s.
	経験なし・低意図	127	11.65	2.22		
	経験なし・高意図	103	10.95	2.26		
受益性	経験あり	41	12.32	1.86	9.72 (2,235) **	経験あり>経験なし低意図, 経験なし高意図
	経験なし・低意図	103	10.55	2.52		
	経験なし・高意図	94	11.70	2.54		
コミュニティに対する自主的民主的評価	経験あり	41	13.02	2.03	1.77 (2,272)	
	経験なし・低意図	96	12.42	1.91		
	経験なし・高意図	88	12.88	2.17		

$^{*}p<.05,$ $^{**}p<.01$

表7-16 協働全体の経験と意図とに関する判別分析結果

		係数1	係数2
独立変数	地域内所属組織数	0.87	−0.53
	政治行政への関心	0.38	0.94
重心	経験あり	1.08	−0.29
	経験なし低意図	−0.45	−0.23
	経験なし高意図	0.04	0.37

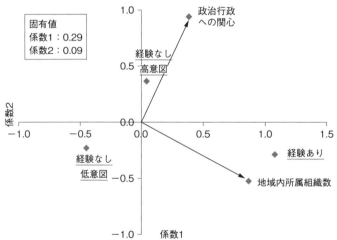

図7-3 協働全体の経験と意図とを規定する要因
(矢印は独立変数の判別係数を,下線は従属変数の重心をそれぞれ示す)

し・低意図群」がその他の群より低かった。政治行政への満足と自主性担保期待は「経験なし・高意図群」が「経験なし・低意図群」よりも高かった。

(2) 協働全体の経験・意図を規定する要因

これらの3群を従属変数,人口統計学的変数(性別,年齢段階,最終学歴,所属階層意識,家族構成,居住年数),社会的活動性2指標,地域への愛着,武蔵野市内の政治行政への意識3指標,行政に対する期待4尺度,自己犠牲規範尺度,コミュニティに対する自主的民主的評価,受益性を独立変数とするステップワイズ法による判別分析を行った(正判別率53.6%)。人口統計学的変数については,各カテゴリーについてダミー変数を作成し投入した。投入された独立変数の正準判別係数と従属変数の重心を表7-16と図7-3に示す。政治

行政に対する関心が高い者ほど協働意図が高く，地域における所属組織数が多い者ほど協働全体の経験が高かった。

（3）コミュニティ活動経験・意図別にみた諸変数

コミュニティ活動経験に影響を与える要因を検討するために，以下の3群を設けた。コミュニティ活動への参加経験がある者を「経験あり群（$N=38$）」，コミュニティ活動への参加経験がない者のうち，今後のコミュニティ活動に対して，「ぜひ参加しようと思う」「どちらかといえば，参加しようと思う」「どちらともいえない」と回答した者を「経験なし・高意図群（$N=171$）」，「どちらかといえば，参加しようとは思わない」「参加しようとは思わない」と回答した者を「経験なし・低意図群（$N=81$）」とした。これらの3群別に人口統計学的変数との比率の差の検定を行った。その結果，性別（$\chi^2(2)=7.58$, $p<.05$），年齢段階（$\chi^2(2)=20.70$, $p<.01$），家族に就学前乳幼児がいる（$\chi^2(2)=7.58$, $p<.05$），家族に小・中学生がいる（$\chi^2(2)=11.63$, $p<.01$），家族に高校生がいる（$\chi^2(2)=6.88$, $p<.05$）で有意な差がみられた。残差分析の結果，「経験あり群」は，女性層，40歳代，家族に小・中学生や高校生がいる層で多く，30歳代で少なかった。「経験なし・高意図群」は，男性層，30歳代，家族に就学前乳幼児がいる層で多く，50歳代で少なかった。「経験なし・低意図群」は，家族に就学前乳幼児がいる層で少なかった。

次に3群別に，居住年数，社会的活動性，地域への愛着，武蔵野市内の政治行政への意識，行政に対する期待，自己犠牲規範尺度，受益性，コミュニティに対する自主的民主的評価の差の検定を行った（表7-17）。

その結果，政治行政への関心と受益性は「経験なし・低意図群」がその他の群より低かった。居住年数は「経験あり群」が「経験なし・高意図群」よりも高く，地域への愛着は「経験あり群」が「経験なし・低意図群」よりも高かった。近所づきあいは「経験あり群」が最も高く，次に「経験なし・高意図群」が高く「経験なし・低意図群」が低かった。地域内所属組織数は，「経験あり群」がその他の群より高かった。

（4）コミュニティ活動経験を規定する要因

コミュニティ活動経験を規定する要因を検討するために，コミュニティ活動経験・意図に関する3群を従属変数，（2）と同様の変数を独立変数とするス

第2節 協働進展地域における協働およびコミュニティ運営への参加を規定する要因の検討（研究10）

表7-17 コミュニティ活動経験・意図別にみた諸変数

		N	M	SD	F値(df)	多重比較
居住年数	経験あり	38	4.68	1.40	6.47 (2,286) **	経験あり＞経験なし高意図
	経験なし・高意図	171	3.70	1.76		
	経験なし・低意図	80	4.21	1.66		
近所づきあい	経験あり	37	3.00	0.88	13.40 (2,285) **	経験あり＞経験なし高意図＞経験なし低意図
	経験なし・高意図	170	2.50	0.96		
	経験なし・低意図	81	2.06	0.94		
地域内所属組織数	経験あり	38	1.63	1.32	31.58 (2,287) **	経験あり，経験なし高意図＞経験なし低意図
	経験なし・高意図	171	0.58	0.77		
	経験なし・低意図	81	0.36	0.68		
地域への愛着	経験あり	38	3.68	0.47	3.71 (2,287) *	経験あり＞経験なし低意図
	経験なし・高意図	171	3.42	0.67		
	経験なし・低意図	81	3.33	0.72		
政治行政への関心	経験あり	38	4.16	0.79	10.19 (2,286) **	経験あり，経験なし高意図＞経験なし低意図
	経験なし・高意図	170	3.96	0.92		
	経験なし・低意図	81	3.44	1.14		
政治行政への満足	経験あり	38	3.16	0.86	0.88 (2,286)	
	経験なし・高意図	170	3.26	0.85		
	経験なし・低意図	81	3.12	0.76		
政治行政への効力感	経験あり	38	3.21	0.74	2.52 (2,287)	
	経験なし・高意図	171	3.23	0.75		
	経験なし・低意図	81	3.01	0.73		
公共性・親身さ期待	経験あり	36	23.81	4.21	0.14 (2,273)	
	経験なし・高意図	163	23.95	4.58		
	経験なし・低意図	77	23.62	4.34		
自主性担保期待	経験あり	37	8.54	2.21	1.67 (2,279)	
	経験なし・高意図	166	9.02	1.95		
	経験なし・低意図	79	8.59	2.00		
情報開示期待	経験あり	38	6.76	1.63	0.32 (2,280)	
	経験なし・高意図	166	6.95	1.27		
	経験なし・低意図	79	6.95	1.35		
限定関与期待	経験あり	38	4.74	1.22	2.41 (2,282)	
	経験なし・高意図	166	4.74	1.21		
	経験なし・低意図	81	5.10	1.32		
自己犠牲規範	経験あり	35	12.03	2.43	4.23 (2,276) *	n.s.
	経験なし・高意図	168	11.11	2.05		
	経験なし・低意図	76	11.86	2.60		
受益性	経験あり	37	12.32	1.87	16.01 (2,245) **	経験あり＞経験なし高意図，経験なし低意図
	経験なし・高意図	150	11.66	2.32		
	経験なし・低意図	61	9.87	2.81		
コミュニティに対する自主的民主的評価	経験あり	36	13.39	2.22	2.43 (2,228)	
	経験なし・高意図	138	12.54	2.00		
	経験なし・低意図	57	12.70	2.13		

$*p<.05, **p<.01$

表7-18 コミュニティ運営に関する協働経験・協働意図に関する判別分析結果

		係数1	係数2
独立変数	女	0.51	0.03
	中の上	0.45	−0.08
	居住年数	0.66	−0.11
	近所づきあい	−0.49	0.24
	地域内所属組織数	0.53	0.67
	受益性	−0.41	0.49
重心	経験あり	0.80	0.98
	経験なし高意図	−0.46	0.02
	経験なし低意図	0.68	−0.62

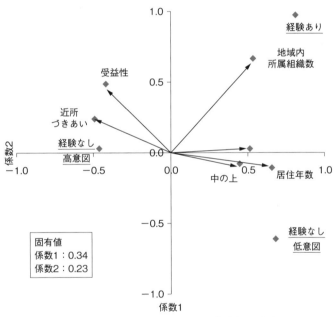

図7-4 コミュニティ活動に関する協働経験・協働意図を規定する要因
(矢印は独立変数の判別係数を，下線は従属変数の重心をそれぞれ示す)

テップワイズ法による判別分析を行った(正判別率60.2%)。投入された独立変数の正準判別係数と従属変数の重心を表7-18と図7-4に示す。近所づきあいが多くコミュニティ活動からの受益性を高く評価している者ほど，コミュニ

ティ参加意図が高く，女性で地域内所属組織数が多い者ほど，コミュニティ活動への参加経験が高かった。

4 協働への参加に伴う意識変化

　行政との協働への参加のきっかけは，「広報やちらしをみたから（47.1%）」が最も多く，次いで，「自分自身の人間性を高めたかったから（35.3%）」「時間に余裕があったから（23.5%）」「所属組織の中で決められた役割だったから（23.5%）」などが多かった。コミュニティ運営への参加のきっかけは，「地域行事のひとつだったから（46.0%）」が最も多く，次いで，「所属組織の中で決められた役割だったから（37.8%）」「友人・知人に誘われたから（24.3%）」「地域活動に興味があったから（24.3%）」などが多かった。

　行政との協働経験による自認された意識変化は，「自分の住んでいる地域に対する愛着が高まった（52.9%）」が最も多く，次いで，「多数の人々と関わりをもつことができた（35.3%）」「友人関係の輪がひろがった（29.4%）」「地域や行政のことを勉強することができた（23.5%）」などが多かった。コミュニティ運営への参加による自認された意識変化は，「多数の人々と関わりをもつことができた（55.3%）」が最も多く，次いで，「友人関係の輪がひろがった（39.5%）」「自分の住んでいる地域に対する愛着が高まった（31.6%）」などが多かった。

　行政との協働におけるトラブルは，「行政の考えと住民の考えとの間にズレがあった（47.1%）」が最も多く，次いで，「とくにない（41.2%）」「行政が閉鎖的で，住民と一緒に活動する気がなかった（23.5%）」「行政が必要な情報を提示してくれなかった（17.7%）」などが多かった。コミュニティ運営上での行政とのトラブルでは，「とくにない（56.8%）」が最も多く，次いで，「行政の考えと住民の考えとの間にズレがあった（18.9%）」「行政から住民側に対する「お願い」や「協力要請」が多かった（18.9%）」などが多かった。

第4項　考　察

　本節では，協働進展地域である武蔵野市において無作為抽出データを用いて，協働経験や協働意図を規定する要因と参加による意識変化とを検討した。行政に対する期待は，行政との相互作用に関する5因子が得られ，そのうち「公共

性・親身さ期待」の一部には，行政に対するイメージを反映した期待内容が含まれていた。回答者は「情報開示期待」を強く抱いていた。協働全体およびコミュニティ参加に共通して，地域における所属組織数の多さが協働経験を規定していた。また，協働全体では，政治行政への関心の高さが協働意図を規定していた。コミュニティ参加に限定すると，女性の方が協働経験が高く，近所づきあいやコミュニティ活動からの受益性が協働意図を規定していた。

以上をまとめると，協働の進展地域において，協働経験または協働意図を規定する要因は，地域における所属組織数や近所づきあいといった社会的活動性と，政治行政への関心，活動から受ける受益性であると整理される。

また，行政との協働への参加のきっかけは，個人の関心や問題意識によるものが多く，コミュニティ運営への参加のきっかけは，地域のネットワークや対人的ネットワークによるものが多かった。協働への参加に伴い，個人の地域への愛着が向上し，対人関係が広がるという意識変化がみられた。

第3節　協働の進展に応じた住民意識の比較（研究9・研究10の比較）

第1項　目　的

協働の活動水準によって，地域住民全体の意識が異なるか否かを検討するために，協働初期地域における住民意識と協働進展地域における住民意識との比較を行い，協働の進展に伴う地域住民の意識変化を分析する。

第2項　分析変数

研究9と研究10で共通して尋ねた以下の変数を分析に用いた。
1　協働経験
　第1節第2項4（2）①と，第2節第2項4（10）①とを分析に用いた。
2　協働意図尺度
　第1節第2項4（2）②と，第2節第2項4（6）とを分析に用いた。

3 行政に対する期待

第1節第2項4（7）と第2節第2項4（5）とにおいて，共通して尋ねた変数を分析に用いた。具体的には，「新しいことにどんどん取り組んでいってほしい」「ならわしに従って仕事をするのをやめてほしい」「もっと早いスピードで仕事をしてほしい」「もっと積極的に情報を発信してほしい」「もっとわかりやすい言葉で説明してほしい」「もっと住民とコミュニケーションをとる機会を多くしてほしい」「住民との信頼関係を大切にしてほしい」「もっと市民の声に耳を傾けてほしい」「もっと社会的貢献度の高い仕事をしてほしい」の9項目であった。

4 社会的活動性

地域における所属組織数（第1節第2項4（4）①と第2節第2項4（2）①）と，近所づきあいの程度（第1節第2項4（4）②と第2節第2項4（2）①）との2指標を分析に用いた。

5 地域への愛着

第1節第2項4（5）と第2節第2項4（3）とを分析に用いた。

6 政治行政に対する意識

政治行政への関心（第1節第2項（6）①と第2節第2項（4）①），政治行政への満足感（第1節第2項（6）②と第2節第2項（4）②），政治行政への効力感（第1節第2項（6）③と第2節第2項（4）③）の3指標を分析に用いた。

第3項　結　果

地域（江戸川／武蔵野）と協働全体の経験・意図に関する3群（協働群：経験あり／経験なし・高意図／経験なし・低意図[3]）を独立変数，行政に対する期待9項目，社会的活動性2指標[4]，地域への愛着，政治行政への意識3指標を，それぞれ従属変数とする2要因分散分析を行った（表7-19）。

---

[3] 協働意図尺度は，江戸川区と武蔵野市のデータを合わせ，中央値で高群・低群に分割した。

[4] 江戸川区では自治会があるのに対し，武蔵野市では1947年に自治会が廃止されている（高田，2006）。そこで，地域内所属組織数の算出にあたっては，両地域において，「町内会・自治会」を除外して単純加算した。

114   第7章 協働に関する参加および参加に伴う意識変化に関する定量的検討

表7-19 地域と協働意図・経験別にみた諸変数

		江戸川			武蔵野			F値		
		経験あり	経験なし・低意図	経験なし・高意図	経験あり	経験なし・低意図	経験なし・高意図	地域	協働群	交互作用
新しいことにどんどん取り組んでいってほしい	N	34	54	48	48	164	79	7.85**	5.43**	1.27
	M	3.29	3.07	3.46	3.00	3.02	3.18			
	SD	0.76	0.77	0.65	0.68	0.64	0.69			
				江戸川>武蔵野，経験なし高意図>経験なし低意図						
ならわしに従って仕事をするのをやめてほしい	N	32	54	49	49	163	79	0.00	2.31	2.70
	M	3.00	2.91	3.31	3.12	3.06	3.05			
	SD	0.80	0.81	0.85	0.73	0.76	0.70			
もっと早いスピードで仕事をしてほしい	N	32	54	49	49	164	78	3.12	2.65	1.80
	M	3.03	2.94	3.33	2.94	2.94	2.97			
	SD	0.90	0.88	0.72	0.75	0.72	0.79			
もっと積極的に情報を発信してほしい	N	32	55	49	47	163	79	2.21*	3.84	0.50
	M	3.13	3.04	3.39	3.02	2.99	3.15			
	SD	0.94	0.69	0.84	0.74	0.77	0.82			
				経験なし高意図>経験なし低意図						
もっとわかりやすい言葉で説明してほしい	N	33	55	49	49	164	79	0.10	0.01	0.44
	M	2.94	2.82	2.90	2.82	2.90	2.85			
	SD	1.06	0.84	0.96	0.75	0.82	0.93			
もっと住民とコミュニケーションをとる機会を多くしてほしい	N	33	55	48	48	165	79	2.12**	5.56	0.81
	M	2.88	2.67	3.08	2.83	2.62	2.81			
	SD	0.86	0.79	0.84	0.81	0.73	0.83			
				経験あり・経験なし高意図>経験なし低意図						
住民との信頼関係を大切にしてほしい	N	33	55	48	49	166	79	0.29**	7.84	2.38
	M	3.18	2.91	3.44	3.04	3.09	3.27			
	SD	0.73	0.73	0.68	0.73	0.71	0.86			
				経験なし高意図>経験あり・経験なし低意図						
もっと市民の声に耳を傾けてほしい	N	33	55	48	49	166	79	0.29**	5.59*	3.98
	M	3.21	2.71	3.19	3.02	3.06	3.16			
	SD	0.82	0.79	0.89	0.72	0.74	0.76			
			経験あり・経験なし高意図>経験なし低意図，経験なし低意図：武蔵野>江戸川，江戸川：経験あり・経験なし高意図>経験なし低意図							
もっと社会的貢献度の高い仕事をしてほしい	N	33	54	48	47	165	79	0.00	2.84	2.34
	M	2.91	2.72	3.10	2.77	2.96	3.00			
	SD	0.80	0.76	0.88	0.73	0.76	0.85			
近所づきあい	N	34	56	50	48	167	79	0.64**	20.22	0.88
	M	3.18	2.18	2.56	2.94	2.27	2.46			
	SD	0.87	0.99	1.03	0.84	0.95	1.02			
				経験あり>経験なし高意図・経験なし低意図						
地域内所属組織数(「町内会・自治会」除く)	N	34	56	50	48	168	79	0.53**	39.98	0.06
	M	1.18	0.30	0.42	1.24	0.39	0.44			
	SD	0.97	0.57	0.67	1.09	0.65	0.69			
				経験あり>経験なし高意図>経験なし低意図						
地域への愛着	N	34	55	50	49	168	79	25.14**	7.77**	0.27
	M	3.26	2.91	3.18	3.65	3.33	3.48			
	SD	0.83	0.62	0.75	0.48	0.68	0.70			
				武蔵野>江戸川，経験あり・経験なし高意図>経験なし低意図						
政治行政への関心	N	34	56	50	49	167	79	6.18*	20.71**	2.37
	M	3.71	3.48	4.08	4.27	3.50	4.25			
	SD	1.00	0.97	0.72	0.76	0.99	0.90			
				武蔵野>江戸川，経験あり・経験なし高意図>経験なし低意図						
政治行政への満足感	N	32	56	49	49	167	79	2.06	1.36	1.54
	M	3.50	3.30	3.33	3.18	3.13	3.42			
	SD	1.02	0.81	0.99	0.88	0.78	0.86			
政治行政への効力感	N	32	56	50	49	168	79	2.85	0.97	0.03
	M	3.13	2.96	3.06	3.24	3.13	3.19			
	SD	0.94	0.63	0.79	0.72	0.67	0.88			

注：$**p<.01$，$*p<.05$

第 3 節　協働の進展に応じた住民意識の比較（研究 9・研究 10 の比較）

　その結果，地域の主効果が有意であった変数について多重比較を行ったところ，江戸川よりも武蔵野の方が「地域への愛着」「政治行政への関心」が高く，武蔵野よりも江戸川の方が「新しいことにどんどん取り組んでいってほしい」という期待が高かった。

　協働群の主効果が有意であった変数について多重比較を行ったところ，「経験なし高意図群」は，「経験なし低意図群」よりも，「新しいことにどんどん取り組んでいってほしい」「もっと積極的に情報を発信してほしい」という期待が高かった。「経験なし高意図群」は，「経験あり群」「経験なし低意図群」よりも，「住民との信頼関係を大切にしてほしい」という期待が高かった。「経験あり群」「経験なし高意図群」は，「経験なし低意図群」よりも，「もっと住民とコミュニケーションをとる機会を多くしてほしい」「もっと市民の声に耳を傾けてほしい」という期待と，「地域への愛着」「政治行政への関心」とが高かった。「経験あり群」は，「経験なし高意図群」「経験なし低意図群」よりも，「地域内所属組織数」が高かった。「近所づきあい」は，「経験あり群」が最も高く，次に「経験なし高意図群」が高く，「経験なし低意図群」が低かった。

　地域と協働群の交互作用が有意であった変数（もっと市民の声に耳を傾けてほしい）について，単純主効果検定を行ったところ，「経験なし低意図群」において江戸川よりも武蔵野の方が，江戸川において「経験なし低意図群」よりも「経験あり群」「経験なし高意図群」の方が，「もっと市民の声に耳を傾けてほしい」という期待が高かった。

第 4 項　考　　察

　地域と協働群別に個人の意識を分析したところ，交互作用が有意であった変数は 1 つのみであり，全般的に地域や協働群の主効果が多くみられた。これらの結果は，地域間で，個人の意識が協働に対して与える影響の仕方が同一であることを示唆している。

　地域間比較の結果，協働初期地域（江戸川区）では，行政に対する「新しいことにどんどん取り組んでいってほしい」といった期待が高いが，協働進展地域（武蔵野市）では協働初期地域よりも，「地域への愛着」「政治行政への関心」が高いことが明らかになった。

協働経験・協働意図別にみると，行政に対する期待は，おおむね，協働経験はないが協働意図が高い者で最も高い傾向がみられた。協働群の主効果がみられた変数のうち，「協働経験なし・低意図群」の得点が低く，その他の群の得点が高かった期待内容は，「もっと住民とコミュニケーションをとる機会を多くしてほしい」「もっと積極的に情報を発信してほしい」など，行政との相互作用に関する期待内容と，近所づきあい，地域内所属組織数，地域への愛着，政治行政への関心であった。したがって，協働経験を有したり，協働意図が高くなったりすることによって，行政との相互作用期待や，近所づきあい，地域内所属組織数，地域への愛着，政治行政への関心がそれぞれ高まることが明らかになった。

第Ⅲ部　協働の進展プロセスモデルの提案（総括）

第8章　総合考察

第9章　協働の進展に伴う地域に対する態度の測定

　【研究11】地域活動者における協働の進展に伴う地域に対する態度

　【研究12】保護司における協働の進展に伴う地域に対する態度

　【研究13】ボランティア活動者における地域に対する態度とボランティア活動スキルとの関連

第8章　総合考察

　本章では，まず，第Ⅱ部における実証的検討から得られた知見をまとめ（第1節），本書の目的に沿って結論を述べ，協働の進展プロセスについて理論的に考察し，仮説モデルを提唱する（第2節）。次に，本書で提唱された仮説モデルの理論的位置づけについて論じ（第3節），最後に今後の課題について述べる（第4節）。

第1節　実証的検討のまとめ

第1項　行政に対する期待の構造

　第5章では，第4章で検討した自治体職員に対するイメージを参考に，行政に対する期待の構造を探索的に検討し，行政イメージを反映した3因子（慣習改革期待，優遇是正期待，不正防止期待）と，行政に対する住民との相互作用に関する2因子（ふれあい・情報公開期待，公共性期待）とを抽出した。因子分析結果に基づいて算出された尺度得点をみると，行政イメージを反映した因子の得点が高かった（研究5）。第7章では，調査地域を限定し，無作為抽出された対象者に対して，行政に対する期待内容を定量的に検討した。江戸川区（研究9）では，期待は，行政に対する住民との相互作用に関する2因子（情報公開期待，公共信頼期待）と，行政イメージを反映した3因子（優遇是正期待，慣習改善期待，改革期待）とに分離され，尺度得点をみると，行政イメージを反映した「慣習改善期待」と行政に対する住民との相互作用に関する「情報公開期待」とが高かった。武蔵野市（研究10）では，期待は，行政への相互作用に関する4因子（公共性・親身さ期待，自主性担保期待，情報開示期待，

限定関与期待）に分離された。このうち，「公共性・親身さ期待」は，行政イメージを反映した内容も一部含んでいた。各尺度得点をみると，行政への相互作用に関する「情報開示期待」の得点が高かった。

　行政に対する期待に関する定量的な分析結果をまとめると，行政に対する期待は，尺度内容から，「行政イメージを反映した期待」に関する因子と，行政に対して住民との相互作用を期待する内容である，「行政への相互作用期待」に関する因子とに大別された。

　第6章では，協働の進展の程度が異なる3地点において，協働の担い手間，すなわち，住民と行政との間の期待を定性的に検討した。千葉県松尾町（研究6）では，行政は，住民に対する固定的なイメージ（新・旧住民）をもとに，住民に対して一方的に，自主性や能動性を高めることを期待し，住民が行政に対して否定的な行政イメージを改善するような期待を抱いていると捉えていた。江戸川区（研究7）では，住民が行政に対して住民の自主性を損なう働きかけをしないように求める期待を，武蔵野市（研究8）では，住民が行政に対して住民の自主性を担保した対等な関わりを求める期待を，それぞれ抱いていた。

　定量的に検討した行政に対する期待と定性的に検討した協働における相互期待とを対応させると，千葉県松尾町において，自治体職員は，「住民が『行政イメージを反映した期待』を抱いている」と捉え，「住民が『行政への相互作用期待』を抱くこと」を期待していたと捉えられる。江戸川区および武蔵野市では，「行政イメージを反映した期待」は少なく，「行政への相互作用期待」を抱いていたと対応づけられる。

第2項　住民と行政との協働を規定する要因

　調査地域を限定せずに協働の規定因を探索したところ（研究5），住民の「ふれあい・情報公開期待」という行政への相互作用期待の高さ，近所づきあいや地域内所属組織数といった社会的活動性の高さ，役所へ行く頻度の高さが，それぞれ協働経験または協働意図を規定していた。

　江戸川区では（研究9），協働全体において，「公共信頼期待」という行政への相互作用期待や，政治行政への関心，家族に小中学生がいること，社会的活動性（地域内所属組織数）の高さが，それぞれ協働経験または協働意図に影響

を与えていた。また，防犯活動における協働では，家族に乳幼児がいるほど，協働意図が高かった。これらの家族に乳幼児や小中学生がいることによる影響は，活動から受ける個人の利益，つまり，受益性の高さが協働に影響していると解釈された。

武蔵野市では（研究10），協働全体において，政治行政への関心の高さ，社会的活動性（地域内所属組織数）の高さが，それぞれ協働経験または協働意図に影響を与えていた。コミュニティ活動に限定すると，女性であること，社会的活動性（近所づきあい・地域内所属組織数），コミュニティ活動から受ける受益性の高さが，協働経験または協働意図に影響していた。

また，第7章第3節において，江戸川区と武蔵野市との間で共通して，住民の協働経験や協働意図の程度による差がみられた変数も，協働の規定因として位置づけられる。具体的には，協働経験がなく協働意図が低い者よりも，協働経験者あるいは協働意図が高い者の方が，行政への相互作用期待，地域における所属組織数，近所づきあい，地域への愛着，政治行政への関心が高かった。

以上の協働の規定因を整理すると，研究5・研究9・研究10では，共通して，行政への相互作用期待，社会的活動性（近所づきあい・地域内所属組織数）の高さ，政治行政に対する関心が，協働経験または協働意図を規定していた。上記に加えて，研究9・研究10では，地域に共通して，「家族に子どもがいる」という人口統計学的変数に基づく，「子どもの安全を守る」「家族のためになる」といった受益性の高さや，地域への愛着が，協働意図または協働経験を規定していた。

第3項　協働の進展や協働への参加に伴う住民の意識変化

第6章では，異なる3地域において，協働の担い手間，すなわち，住民と行政との間の意識を質的に把握し，住民と行政との相互作用を検討した。その結果，千葉県松尾町では，行政主導的に企画立案がなされていたが，江戸川区では，行政が住民の自主性を尊重し側面的支援に徹する形の関わりがなされ，武蔵野市では，住民・行政の双方が主体として対等な関係を形成していた。

第7章（研究10）では，協働への参加に伴う住民の意識変化を量的に検討した結果，行政との協働への参加の成果として，地域への愛着の高まりと対人

関係の広がりとが確認された。

第7章第3節では，地域および住民の協働経験・協働意図別に，協働に関わる意識の比較を行った。その結果，地域と協働経験・協働意図との交互作用は少なく，協働に関わる意識が協働経験や協働意図に与える影響の仕方は地域間で差がないことが示された。行政に対する期待の得点は，地域間差が少なかったが，地域への愛着と政治行政への関心の得点は，武蔵野市のほうが江戸川区よりも高いという地域間差がみられた。

第4項　第Ⅱ部で得られた知見の統合

協働の進展プロセスに関する個人の参加と相互作用とを包含した理論化を行うために，本書で得られた知見を統合する。行政に対する期待は，行政イメージを反映した期待と行政への相互作用期待とに大別された（第1項）。協働の規定因として明らかとなった変数は，行政への相互作用期待，政治行政への関心，地域における社会的活動性，活動から受ける受益性，地域への愛着の5つの変数であった（第2項）。これら5つの変数は，協働の活動水準にかかわらず，すなわち，地域に共通して，協働に対する個人の参加に影響を与えていると捉えられる。

また，協働への参加成果として，地域への愛着の高まりと対人関係の広がりとが明らかとなった。地域における対人関係の広がりは，地域における所属組織数や近所づきあい，すなわち，社会的活動性の増加につながると解釈される。したがって，地域への愛着と社会的活動性は，協働の規定因であると同時に，協働の結果としても高まるという，協働に対する循環的な影響が推定された（第3項）。さらに，政治行政への関心と地域への愛着の程度については地域間差がみられ，協働の進展段階の地域の方が初期段階の地域よりも，住民全体の政治行政への関心と地域への愛着とが高いことが明らかにされた（第3項）。

協働の活動水準，および，期待の観点から，千葉県松尾町・江戸川区・武蔵野市における，住民と行政との相互作用の横断的な差異を整理すると以下のようにまとめられる。

住民と行政との相互作用は，千葉県松尾町（協働前地域）では，行政イメージを反映した期待に基づく，行政主導的な一方的関係であった。江戸川区（協

表8-1 第Ⅱ部における実証的知見の統合

		前地域 (千葉県松尾町)	初期地域 (東京都江戸川区)	進展地域 (東京都武蔵野市)
相互作用	住民―行政間の相互作用	一方的関係 (行政主導)	信頼関係 (側面的支援)	対等関係 (役割分化)
	行政への期待	行政イメージを 反映した期待	行政への 相互作用期待	行政への 相互作用期待
規定因	行政イメージを反映した期待	―	×	×
	行政への相互作用期待	―	○	○
	地域への愛着	―	○	○
	政治行政への関心	―	○	○
	社会的活動性	―	○	○
	受益性	―	○	○

注：○は協働意図または協働経験を規定することを，×は規定していないことを，―は未検討であることを示す
注：網かけは，地域間で有意な差があった変数を意味する

働初期地域）では，行政への相互作用期待に基づく，住民が行政からの側面的支援を受ける信頼関係であった。武蔵野市（協働進展地域）では，行政に対する相互作用期待に基づく，住民・行政双方が自立して対等に議論をする対等関係であった。このように，協働の進展によって，行政に対する期待内容や，住民と行政との相互作用が異なっていた。

本書で得られた以上の知見を協働の活動水準別に統合すると，表8-1となる。協働における住民と行政との相互作用については，表8-1の第2行・第3行に，個人の参加を規定する要因については，表8-1の第4行～第9行に，それぞれ整理する。

表8-1に示すとおり，協働前地域（千葉県松尾町）において，住民は協働時に行政に対して行政イメージを反映した期待を抱いており，行政主導の一方的な関係であった。協働に対する住民個人の参加を規定する要因については，直接的な検討が行なわれなかった。しかし，複数の地域に共通して，協働を規定していた5要因（行政への相互作用期待，地域への愛着，政治行政への関心，社会的活動性，受益性）は，協働前段階の地域においても協働に影響を与えると捉えられる。また，協働時に住民が行政に対して抱く期待内容（行政イメー

ジを反映した期待）と，協働に対する住民個人の参加を規定すると推定された期待内容（相互作用期待）とは一致していないことが示唆された。

　協働初期地域（江戸川区）において，協働時に住民は行政への相互作用期待を抱いており，行政から側面的支援を受ける信頼関係を築いていた。協働には，5つの要因（行政への相互作用期待，地域への愛着，政治行政への関心，社会的活動性，受益性）が影響していた。これらの要因のうち，地域への愛着と政治行政への関心とは地域全体で中程度であった。また，協働時に住民が行政に対して抱く期待内容（相互作用期待）と，協働に対する住民個人の参加を規定する期待内容（相互作用期待）とは一致していた。

　協働進展地域（武蔵野市）において，協働時に住民は行政への相互作用期待を抱いているが，住民と行政とは相互に役割分化した対等関係を築いていた。協働には，5つの要因（行政への相互作用期待，地域への愛着，政治行政への関心，社会的活動性，受益性）が影響していた。これらの要因のうち，地域への愛着と政治行政への関心とは，地域全体で高水準であった。また，協働時に住民が行政に対して期待する内容（相互作用期待）と，協働に対する住民個人の参加を規定する期待内容（相互作用期待）とは一致していた。

第2節　本書の結論

　本節では，本書の目的に沿って，得られた知見を整理し，結論を述べ，協働の進展プロセスについて理論化する。

第1項　協働における住民と行政との相互作用

　本書の第1の目的は，協働の活動水準別に位置づけた各地域において，協働の担い手間の意識を把握することを通して，住民と行政との相互作用の内容を分析することであった。本書では，協働前段階を千葉県松尾町，協働の初期段階を東京都江戸川区，協働の進展段階を東京都武蔵野市として，住民と行政との相互作用を分析した。協働の前段階では，行政イメージを反映した期待に基づく一方的関係であった相互作用が，協働の初期段階では，行政に相互作用期待や行政からの側面的支援に基づく信頼関係となり，協働の進展段階では，住

民・行政双方が自立する対等関係へと変化する可能性が示唆された。また，協働の活動水準が高まるにつれて，地域への愛着と政治行政への関心が高まるという，地域全体の住民意識の変化が明らかになった。

第2項　協働に対する個人の参加の規定因

本書の第2の目的は，協働の活動水準別が異なる地域ごとに，住民と行政との協働に対する住民個人の参加を規定する要因を明らかにすることであった。協働の活動水準に関わらず，すなわち，地域に共通して，行政への相互作用期待と政治行政への関心とが強いほど，協働意図が高まり，地域における社会的活動性が高く，協働の活動から受ける受益性の認識や地域への愛着が高いほど，協働意図と協働経験との両方が高まることが明らかになった。

第3項　協働の進展プロセスの理論化

本項では，第1項・第2項の知見をもとに，協働の活動水準別に協働における個人の参加プロセスと相互作用に関する特徴を述べ，協働の進展プロセスに関する理論化を行う。

協働の活動水準別に住民と行政との相互作用を比較すると，協働の進展に伴って，漠然としたイメージを反映した期待に基づく行政主導の一方的な関係から，行政との相互作用期待に基づく，住民が行政から支援を受ける信頼関係を経て，住民・行政それぞれが自立した主体となる対等関係へと変化すると考えられる。

また，地域の協働の活動水準にかかわらず，協働に対する個人の参加は，行政に対する相互作用期待，地域への愛着，政治行政への関心，社会的活動性，活動から受ける受益性によって規定される。ただし，協働の活動水準が高まるにつれて，協働の規定因のうち，政治行政への関心と地域への愛着とは，地域全体で高まっていくと捉えられる。以上の知見から仮説的に「協働の進展プロセスモデル」を提唱する（表8-2）。

協働前段階の地域では，行政から住民に対する一方的な働きかけがあっても，住民の地域への愛着や政治行政への関心が相対的に低く，相互作用は行われにくい状態である。また，行政に対するイメージに基づく期待を抱いているため，

表 8-2 協働の進展プロセスモデル

	前段階 →	初期段階 →	進展段階
住民－行政間の相互作用の変化	一方的関係 （行政主導）	信頼関係 （側面的支援）	対等関係 （役割分化）
行政への期待の変化	行政イメージを 反映した期待	行政への 相互作用期待	行政への 相互作用期待
地域への愛着	低	中	高
政治行政への関心	低	中	高
社会的活動性 受 益 性		一定	
地 域 の 変 化	相互未知	支援関係	相互自立

（下線は地域に共通して協働への参加を規定する要因を，点線は各段階において特徴的な規定因を，それぞれ示す）

協働に対する課題が明確でない状態と捉えられる。したがって，住民と行政とが地域の課題に関して協働の場を有していない「相互未知」状態である。協働への参加は，地域への愛着や政治行政への関心が低いため，社会的活動性や活動から受ける個人の受益性といった個人の受益や関心によって促進されると捉えられる。

協働初期段階の地域では，住民と行政との相互作用が生じているが，住民が地域の問題解決をしていく上でのノウハウは，行政からの側面的支援に頼る部分が大きい。そのため，住民は行政に対して相互作用期待を抱き，「支援関係」の協働が展開される。この支援関係は，住民が行政からのさまざまな依頼を快諾する傾向があることから，相互支援の可能性を含んでいると捉えられる。協働への参加は，地域への愛着や政治行政への関心などの地域への関心と，社会的活動性や受益性などの個人の受益や関心とによって高まるが，とくに行政への相互作用期待によって促進されると捉えられる。

協働進展段階の地域では，協働の活動によって，住民側に地域問題を解決するためのノウハウが蓄積され，住民独自の解決策を考案するようになる。住民独自に考案した案は行政案と必ずしも一致せず，行政と対等に議論しあうようになり，住民と行政とは「相互自立」状態となる。協働への参加は，協働進展地域では地域への愛着や政治行政への関心といった地域に対する関心が高いため，とくに地域への関心によって促進されると捉えられる。

以上をまとめると，協働は，住民と行政とが「相互未知」で相互作用がなく，住民の地域に対する関心が低く，行政主導で展開される協働の状態から，協働の開始に伴い，協働をする際に，住民が行政から問題解決のノウハウについて側面的支援を受ける「支援関係」の協働の状態を経て，協働が進展すると，住民が問題解決のノウハウを身につけ，「相互自立」し，住民と行政との間に対等関係が形成される協働へと変化すると理論化される。すなわち，協働の進展に伴い，行政は協働の担い手である住民に対する関与を低めていき，住民は住民自身の組織性と問題解決能力とを高めていく。

また，協働への個人の参加を規定する要因は，協働前段階では個人の受益や関心に，協働初期段階では行政への相互作用期待に，協働進展段階では地域に対する関心に，それぞれ特徴づけられるとモデル化される。すなわち，協働の進展に伴い，協働への参加は，個人レベルの受益や関心に基づく参加から，地域レベルの関心に基づく参加へと発展していく。

仮説的に提唱された協働の進展に伴う期待変化モデルは，実証研究に基づき，協働における個人の参加過程と地域全体の変化と住民と行政との相互作用の進展とを統合し，各段階における協働の規定因と協働の進展プロセスとを体系化したモデルと捉えられる。

第3節　本書における実証研究の理論的位置づけ

第1項　住民と行政との協働に関する心理学的検討

本書では，「住民と行政との協働」という現象を取り上げて，心理学的な実証的検討を行った。これまで，協働に関する研究は，行政学や公共政策学や社会学などの領域を中心に，理論的検討が中心であったが，本書では，心理学的観点から新たに実証的検討を加えた。

本書では，協働の活動水準別に地域を位置づけ，地域間で，協働の担い手間の意識や住民と行政との相互作用を比較した。この地域間比較により，協働の活動水準に関わらず，地域に共通して，協働に対する個人の参加に影響を与える要因と，協働の活動水準によって変化する地域全体の住民意識と，住民と行

政との相互作用の変化といった，異なるレベルの影響や変化を同時に分析することが可能となった。そして，協働の進展に伴う参加者個人の意識に加え，地域全体の変化や，住民と行政との相互作用といったマクロな観点をも統合した仮説モデルを作成した。従来の研究では，環境ボランティア団体の地域内の活動水準による地域内差については検討されていた（杉浦ら，1998）。その他には，協働に関しては，1地域の協働事例を記述した研究（第1章第2節）が行われており，環境配慮行動に関する研究では，1地域内の環境配慮行動に関する行動意図や行動経験の規定因を検討した研究（安藤・広瀬，1993；野波ら，2002；加藤ら，2004など）が中心であった。また，政治行動に関する研究においても，公共事業に対する受容意識などについて，シナリオ実験や単一地域内での検討が中心に検討されてきた（藤井，2005；青木・鈴木，2005など）。このように，従来の地域参加や政治行動に関する研究では，1地域内における検討が中心であり，地域間での比較を行うアプローチを用いた検討は行われていなかった。

　本書では，地域を協働の活動水準別に位置づけて地域間比較を行い，協働の進展プロセスを理論化した。この試みは，従来の地域参加や政治行動研究においても行われていない新たなアプローチであると位置づけられる。

第2項　地域活動への参加に関する規定因の拡張

　本書では，協働における個人の参加には，行政への相互作用期待，政治行政への関心，地域における社会的活動性，協働の活動から受ける受益性の認識，地域への愛着が影響していた。このうち，地域における社会的活動性は，社会関係資本研究（Putnam, 1993, 2000；内閣府国民生活局市民活動推進課，2003）において地域活動への参加を促進している要因や，投票行動研究に与える対人ネットワークの影響（池田，1997, 2007）と対応していた。地域に対する愛着は，環境配慮行動における河川への愛着が河川環境保全に対する行動意図を高めるという知見（野波ら，2003；加藤ら，2004）と対応していた。このように，地域における社会的活動性と地域への愛着は，協働への参加の規定因としても拡張可能であることが明らかにされた。

　また，協働の規定因のうち，行政への相互作用期待と政治行政への関心と活

動から受ける受益性は，本書において新たに明らかとなった市民参加の規定因である。行政に対する期待は，従来，公共事業に対する受容意識に影響する要因として検討されていた（藤井，2005）が，地域活動への参加への影響は分析されていなかった。活動から受ける受益性は，従来，環境配慮行動におけるコスト評価（安藤・広瀬，1999；野波ら，2003）や人口統計学的要因（内閣府，2004，2007）として検討されていた要因と一見類似しているが別種の要因である。コスト評価は，「自分の自由な時間が少なくなる」や「活動するための技術・方法を学んだ」など当該活動を行うことへの便益評価であった。これに対し，活動から受ける受益性は，活動が進展することによる個人や家族に対する利益の評価であり，従来検討されてきた活動を行うことに対する便益評価とは異なっている。また，人口統計学的変数と地域活動への参加との関連については明らかにされてきたが，関連の記述にとどまっており，ある人口統計学的特徴を有する人々が，地域活動に参加する動機や理由については明らかではなかった。本書は，人口統計学的変数が地域活動への参加を促進する動機や理由として，活動から受ける個人や家族への受益性が存在していることを実証した研究と位置づけられる。

第3項　本書で仮説化されたモデルに基づく協働の実践に対する示唆

　本書において提唱された仮説モデルに基づけば，協働の実践を行っている行政関係者や住民リーダーに対していくつかの示唆が可能である。

　この仮説モデルにしたがえば，行政関係者に対しては，住民に対して広報を行う際に有効なアピールの仕方を提言が可能である。協働前段階の地域では，協働への住民の参加を促進するためには，住民個人の利益になることを強調することが有効である。具体的には，防犯活動には家族に子どもがいる層に参加を呼びかけるといった，当該の活動から利益を受ける層に限定して，個人が抱く犯罪に対する危機感に訴えるアピールを行うことが有効であると捉えられる。協働の初期段階の地域では，協働への住民の参加を促進するために，行政に対する相互作用期待に応じる形のアピールを行うことが重要である。換言すれば，住民たちが何らかの活動を開始したときに，行政側がその活動に対して協力や支援を惜しまないことをアピールすることである。例えば，同じ活動を行って

いる住民団体を結びつける協議会の開催を行政が呼びかけることなどが考えられる。協働の進展段階の地域では，協働への住民参加を促す際に，地域全体にどのような利益があるかを強調することが有効であると捉えられる。換言すれば，地域の中で生じている課題を挙げ，行政がそれらの課題に対して取り組む姿勢や範囲をアピールすることである。例えば，行政が地域住民に対して，行政施策に関する説明会を開催することなどが考えられる。

この仮説モデルにしたがえば，協働を実践している住民リーダーに対して，地域活動を展開する上での効果的な方法についても提言が可能である。協働前段階の地域では，既存の地域における活動を活発にする中で，協働を行う課題に対する関心が高い人々に参加を促すことが協力を得られやすい。具体的には，住民どうしのつながりを活性化するために，地域の祭りなどを行うことが考えられる。それに対し，協働初期段階の地域では，行政との話し合いや意見交換や相談の場を設けることが，地域住民の関心をひきつけ，地域活動の進展に有効な方法である。例えば，防犯活動であれば，住民たちが自治体や警察とともに，地域を巡り危険箇所を指摘することなどが考えられる。協働進展段階の地域では，住民組織主体で地域全体の問題点を議論するような場を設けることが，地域問題を解決する上で有効な方法となると予想される。例えば，住民独自に，地域の問題に関するワークショップや学習会を開催したり，学識経験者による講演会を行ったりする方略が考えられる。

第4節　今後の課題

今後の課題は以下の3点である。第1は，協働の進展プロセスにおける相互作用や住民意識の変化に関する実証的な検討を積み重ね，理論を精緻化することである。具体的には，協働の進展に伴う相互作用の変化や住民の意識変化について，時系列的調査や，協働に関与した住民に対する回顧法調査を行い，実証的に検討することである。第1の課題を解決する際には，本書における以下の3つの限界点を改善した検討が必要である。第1に，本書において協働の活動水準別に位置づけた各地域は，行政規模や地域構造が大きく異なる地域であった。そこで今後は，行政規模や地域構造が類似した地点における比較検討が

必要である。第2に，協働前地域における協働への参加の規定因に関しては未検討であった。そのため，協働前段階において，地域への愛着や政治行政への関心が低いという特徴については，推定にとどまっていた。そこで今後は，協働前地域における地域への愛着や政治行政への関心の程度について，定量的な検証を行う必要がある。第3に，本書では，協働の活動水準を理論的に設定した上で検討を行ったため，協働の進展段階毎の分析にとどまり，協働の段階を進展させる要因に関する直接的な検討はできなかった。今後は，協働の段階を進展させる要因についても，理論的および実証的検討を行うことによって，協働の進展プロセスに関する精緻な理論化が期待される。

　第2は，協働の担い手である自治体職員の協働に対する意識について，定量的に検討することである。本書において，協働に対する自治体職員の意識は，定性的な検討にとどまり，定量的な検討を行っていなかった。協働は，住民と行政との相互作用を多く含むため，住民に協働への志向があっても，行政や自治体職員が，同じ志向性を有していないと成立しない。また，自治体職員個人の意識と行政組織としての方針とが必ずしも一致しているとは限らない。そこで，自治体職員個人の協働に対する意識や対住民期待と行政組織の方針とついて，量的に検討していく必要がある。

　第3に，協働の実践場面に対する本理論化の応用可能性を吟味し，協働の円滑な進行をサポートするシステムを構築することである。本書における理論化や今後の研究蓄積により精緻化された理論に基づき，現実に実践されている協働の進展段階を評価し，その進展段階に応じて効果的に協働を推進していくための具体的な指針を提言することである。また，協働の各段階に応じた情報提供が可能になるよう，第1章第2節における過去の協働事例の集積・分類を進化させ，各協働段階の具体的提言を参照できようなシステムを構築し得る研究展開が期待される。

第9章　協働の進展に伴う地域に対する態度の測定

　本章では，第8章で提唱された「協働の進展プロセスモデル」に基づき，協働の進展に伴う地域の状態を測定する指標を作成し，その妥当性を検討することとする。対象は地域活動に参加している者を対象とし，第1節では地域活動参加者，第2節では保護司，第3節ではボランティア活動への参加者を対象として検討を行う。また，第3節では，地域活動を運営する上で求められるスキルとして，ボランティア活動者に求められるスキルの内容を探索的に検討する。

第1節　地域活動者における協働の進展に伴う地域に対する態度（研究 11）

第1項　目　的

　協働の進展に伴う地域の状態を測定する指標を作成し，地域活動の前後における意識との関連を分析する。

第2項　方　法

　地域活動の参加前後の意識変化を検討するため，東京都世田谷区の三軒茶屋一丁目・下馬一・二丁目付近の住宅を対象として，個別記入式の回顧法形式の調査票をポスティングし，郵送で回答を求めた。調査時期は，2013年10月〜11月であった。なお，謝礼は提示していない。配布数600部中，有効回答者は50名で，回収率は8.3%であった。

分析項目
（1）初めに参加した地域内活動と参加年数
（2）（1）への参加がきっかけで参加した活動

（3）地域活動に対する態度（独自作成）
（4）行政との協働意図尺度（第5章第2節（4））
（5）近所づきあいの程度
（6）地域への愛着

第3項　結　果

（1）地域に対する態度の構造

　第8章において仮説化した行政との協働における相互作用の変化に沿って作成された地域活動への態度に関する9項目について，因子分析（主成分解・バリマックス回転）を行い，解釈可能性から3因子を抽出した（表9-1）。第1因子は「市民独自」，第2因子は「協働」，第3因子は「地域未知」と命名された。地域活動に対する態度の因子分析結果をみると，「地域未知」は仮説モデルの「相互未知」状態に，「協働」は「支援関係」にそれぞれ対応していると考えられる。「市民独自」はおおむね「相互自立」の内容を表す因子と解釈さ

表9-1　地域に対する態度に関する因子分析結果

	F1	F2	F3
地域の課題を解決するためのノウハウは自分自身で身につけたと思う	.800	.057	.107
地域活動を行う上でのノウハウは，自分自身で試行錯誤している状態だ	.704	−.351	.086
地域の課題解決のためには，住民がすることと行政がすることとを分担すべきだ	−.555	.067	.155
地域の課題解決は，行政や他の団体との相談しながら行うべきだ	−.197	.783	−.134
地域の課題解決をする上では，行政からの支援に頼る部分が大きい	−.321	.713	.100
地域活動をする上では，行政と対等に議論し合うことが重要である	.232	.633	−.162
地域のことや自治体のことは，知らないことが多い	−.033	−.159	.806
地域の課題が何かについて，自分自身で明確なイメージがない	−.068	−.033	.751
行政の人々に対しては，あまりよいイメージを抱いていない	.493	−.003	.579
回転後寄与率	21.0	18.7	18.3

れるが他の解釈可能性も一部含んでいた。

（2）地域に対する態度

　表9-1に示した地域に対する態度の各因子が協働の進展を測定するチェックリストとしての妥当性を有しているか否かを検討するため，回答者の地域活動参加経験の有無と活動継続年数別に地域活動への態度・協働意図尺度・近所づきあい・地域への愛着の得点を算出した（図9-1）。

　その結果，「地域未知」「協働意図尺度」「近所づきあい」で有意な差がみられた。多重比較の結果，『経験有増加群』が『経験無』よりも「地域未知」が

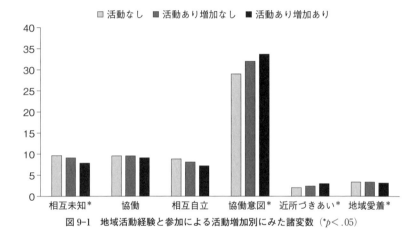

図9-1　地域活動経験と参加による活動増加別にみた諸変数　（*$p<.05$）

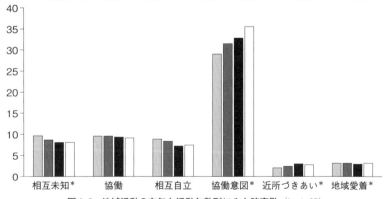

図9-2　地域活動の有無と活動年数別にみた諸変数　（*$p<.05$）

低く，「協働意図」と「近所づきあい」が高かった。地域活動への参加経験の有無と活動年数別に同様の検定を行ったところ（図9-2），「協働意図尺度」「近所づきあい」で有意な差がみられた，多重比較の結果，『経験有11年以上』が『経験無』よりも「協働意図」が高く，『経験有10年以下』が『経験無』と『経験有年数不明』よりも「近所づきあい」が高かった。

第4項　考　察

地域活動参加経験者において地域未知得点が低かったことから第8章の仮説モデルにおける協働前段階から協働初期段階あるいは進展段階への相互作用変化は確認され，地域活動経験者で近所づきあいや協働意図が高まっていたことから，第8章の仮説モデルにおける活動の進展に伴う社会的活動性の上昇についてもおおむね実証されたといえる。

地域に対する態度に関する9項目の尺度は，協働前段階とそれ以外の段階を弁別するチェックリストとしての妥当性が確認されたと考えられる。

第2節　保護司における協働の進展に伴う地域に対する態度（研究12）

第1項　目　的

保護司を対象として，協働の進展に伴う地域の状態を測定する指標と地域に対する意識との関連を分析する。

第2項　方　法

東京都内の某自治体の保護司会に所属する保護司100名を対象に，郵送形式による質問紙調査を実施し，50名の保護司より回答を得た（男性60％，女性34％，不明6％：40代6％，50代10％，60代46％，70代以上32％）。実施時期は，2014年8～9月であった。

分析項目

（1）地域に対する態度
本章第1節と同様の項目で尋ねた。

（2）保護司会の活動計画への関与
自治体単位の保護司会全体への活動計画の関与と，地区レベルでの保護司会活動計画への関与について，それぞれ1項目で尋ね，「1　まったく関与しなかった」から「4　非常に関与した」の4件法で回答を求めた。

（3）社会を明るくする運動の社会的効果
「社会を明るくする運動」とは，法務省が主唱する，すべての国民が，犯罪や非行の防止と罪を犯した人たちの更生について理解を深め，それぞれの立場において力を合わせ犯罪のない地域社会を築こうとする全国的運動である。保護司会がこの「社会を明るくする運動」の活動を行った社会的効果について，「1　まったく社会的効果がなかった」から「4　大いに社会的効果があった」の4件法で回答を求めた。

（4）保護司になってからの年数

（5）地域活動への活動組織数
保護司の他に地域で活動している所属団体数について，数字を直接記入するよう求めた。

第3項　結　果

（1）地域に対する態度
第1節における因子分析結果に沿って，下位因子ごとに主成分分析を行った（表9-2）。その結果，「地域未知」と「協働」はおおむね下位因子の1次元性が確認されたため，単純加算しそれぞれ指標を作成した。「相互自立」については負荷の低い項目が1つあったため，2項目を単純加算し指標とした。

（2）地域に対する態度と関連する変数
地域に対する態度の3指標と，その他の指標との相関係数を算出した（表9-3）。その結果，「地域未知」が高いと，保護司会の活動計画への関与や地域での活動組織数が少なくなることが示された。

表9-2 地域に対する態度に関する主成分分析結果

	第1主成分 負荷量	固有値 (寄与率)
【地域未知】		
1．地域のことや自治体のことは，知らないことが多い	.873	
2．行政の人々に対しては，あまりよいイメージを抱いていない	.638	1.93 (64.3%)
3．地域の課題が何かについて，自分自身で明確なイメージがない	.872	
【協働】		
4．地域の課題解決は，行政や他の団体との相談しながら行うべきだ	.643	
5．地域活動を行う上でのノウハウは，自分自身で試行錯誤している状態だ	.591	1.23 (40.9%)
6．地域の課題解決をする上では，行政からの支援に頼る部分が大きい	.683	
【相互自立】		
7．地域の課題を解決するためのノウハウは，自分自身で身につけたと思う	.802	
8．地域の課題解決のためには，住民がすることと行政がすることとを分担すべきだ	.011	1.29 (43.0%)
9．地域活動をするでは，行政と対等に議論し合うことが重要である	.804	

表9-3 地域に対する態度と関連する変数

	保護司会活動 計画関与		地区の保護司会 活動計画関与		社会を明るく する運動の 社会的効果		保護司になって からの年数		地域での活動 組織数	
地域未知	−.311*	(47)	−.450**	(39)	−.109	(43)	−.254	(47)	−.401**	(43)
協働	−.132	(43)	−.129	(36)	.101	(40)	−.273	(44)	−.034	(41)
相互自立	.155	(44)	.218	(37)	.195	(40)	.026	(44)	.279	(41)

注：*$p<.05$, **$p<.01$

第4項 考　察

　地域に対する態度の指標のうち，「相互自立」については一次元性の低い項目がみられた。また，「相互未知」が活動計画への関与や地域での活動組織数を低下させることが明らかとなり，保護司という地域活動が比較的多い集団に

おける個人差として，第8章の仮説モデルにおける協働前段階における状況に相応する変化が示されたといえる。「協働」と「相互自立」については変化が確認されなかった。

第3節 ボランティア活動者における地域に対する態度とボランティア活動スキルとの関連（研究13）

第1項 目　的

ボランティア活動への参加者を対象として，協働の進展に伴う地域の状態を測定する指標と，ボランティア活動者のスキルや地域に関する意識との関連を分析する。

ボランティア活動については，従来，国内外を問わずボランティアの活動動機に関する研究が多くなされてきた。他方，ボランティアも含まれる地域活動やコミュニティ活動などの市民参加に関する研究文脈では，活動者の固定化や活動継続の困難さ，新規加入メンバーの不足などの課題も指摘されている。ボランティアが抱えるこのような課題を解決していくためには，ボランティアや地域活動組織の運営手法に注目する必要があると考えられる。そこで本研究では，新たにボランティア活動者のスキルに注目することとした。

第2項 方　法

東京都品川区内でボランティア活動団体等に所属しボランティア活動を継続的に行っている人々を対象とした個別自記入形式の調査を個別配布・郵送回収により実施した。調査時期は，2015年9月から10月。配布数93票，回収数56票であり，有効回答者は56名であった。

分析項目

（1）地域に対する態度

本章第1節と同様の項目で尋ねた。

（2）ボランティア活動に必要なスキル

本研究に先立ち実施したヒアリング調査などをもとに，ボランティア活動に

必要なスキル38項目を作成した。「以下の項目は，あなたがボランティア活動をする上で必要な技能に，どの程度あてはまりますか」と教示し，「全くあてはまらない」～「非常にあてはまる」の5件法で回答を求めた。

（3）ボランティア活動の継続期間

「1．1年未満」「2．1～3年未満」「3．3年～5年未満」「4．5年～10年未満」「5．10年以上」の5段階で尋ねた。

（4）ボランティア活動の継続意図

（5）地域内活動組織数

（6）近所づきあいの程度

（7）地域愛着

第3項　結　果

（1）地域に対する態度の構造

地域に対する態度について因子分析を行った（最尤法・バリマックス回転）。第1節と同様に3因子を抽出したところ，表9-4の左側のような結果が得られた。また，2因子に固定し因子分析を行ったところ，表9-4の右側のような結果が得られた。これらの結果をみると，因子構造が安定していないと考えられる。ここでは，第1節の結果に対応する因子がある2因子解を暫定的に採用した。第1因子は，第1節における地域未知に関する項目が多かったため「地域未知」と，第2因子は，第1節における協働に関する項目が多かったため「協働」と命名した。それぞれ解釈の方向に合わせ単純加算し指標とした。

（2）ボランティア活動に必要なスキルの構造

ボランティア活動者のスキルに関する38項目について，因子分析（主成分解・バリマックス回転）を行い，解釈可能性から4因子が抽出した。複数の因子に負荷の高い項目やどの因子にも負荷の低い項目を除外し，最終的に19項目について因子分析（主成分解・バリマックス回転）を行い，「他者を歓迎」「傾聴」「初心者意識」「主体的行動」の4因子が抽出された（表9-5）。尺度得点の記述統計をみると，「傾聴」は全体的に高かった。

（3）地域に対する態度と関連する変数

地域に対する態度と関連する変数を検討するため，地域に対する態度の2指

表 9-4 地域に対する態度に関する因子分析結果

	3因子解			2因子解	
	F1	F2	F3	F1	F2
地域の課題が何かについて，自分自身で明確なイメージがない	.970	−.128	−.206	.984	−.178
地域のことや自治体のことは，知らないことが多い	.451	−.165	−.043	.441	−.184
地域の課題を解決するためのノウハウは，自分自身で身につけたと思う	−.226	−.053	.972	−.431	−.063
地域活動をする上では，行政と対等に議論し合うことが重要である	−.227	.704	.013	−.193	.693
地域の課題解決は，行政や他の団体との相談しながら行うべきだ	−.166	.608	−.011	−.125	.640
地域の課題解決をする上では，行政からの支援に頼る部分が大きい	.002	.458	−.013	.030	.467
地域活動を行う上でのノウハウは，自分自身で試行錯誤している状態だ	.000	.144	.016	.003	.140
行政の人々に対しては，あまりよいイメージを抱いていない	.078	.110	.069	.065	.094
地域の課題解決のためには，住民がすることと行政がすることとを分担すべきだ	.328	.104	.280	.258	.039
初期の固有値	2.14	1.48	1.20	2.14	1.48
回転後寄与率	15.41	12.95	11.93	16.36	13.43

標とその他の変数との相関係数を算出した（表9-6）。「地域未知」は他者を歓迎するスキルや地域内活動組織数，近所づきあい，地域愛着，ボランティア活動継続期間と負の有意な相関がみられたのに対し，「協働」は他者を歓迎するスキルや傾聴するスキルと有意な正の相関を示した。

第4項　考　察

地域に対する態度の指標として，「地域未知」と「協働」のみが抽出され，「相互自立」に対応する因子が抽出されなかった。「地域未知」について，地域内活動組織数や近所づきあいなどの社会的活動性を低下させており，第8章の仮説モデルにおける協働前段階の地域の状態と個人の参加との関連は検証されたと考えられる。「協働」では地域の変数との関連はみられなかったが，地域

第3節　ボランティア活動者における地域に対する態度とボランティア活動スキルとの関連（研究13）

表9-5　ボランティア活動に必要なスキルの構造

	F1	F2	F3	F4
F1：他者を歓迎（$M=3.42,\ SD=0.56$）				
どんな話でも初めて聞いたようなリアクションをとる	.92	−.18	.01	−.01
見知らぬ人や関係が浅い人に対して，特に笑顔で接する	.74	−.15	.11	−.05
場面によって顔を使い分ける	.72	−.09	−.05	−.24
相手に合わせて話す	.68	.04	−.06	.10
どんな考えや容姿を持つ人でも，寛容に受け入れるようにする	.58	.16	−.17	.17
話が途切れ気味でも，相手の発言を辛抱強く待つ	.47	.13	.23	.08
普段よりリアクションを大きくする	.45	.16	−.11	.07
F2：傾聴（$M=4.12,\ SD=0.47$）				
対象者へのサポートが押し付けがましくならないようにする	−.11	.87	−.11	.02
相手の話をきちんと聞く	−.05	.76	.00	−.07
どんな話でも興味を持った姿勢で聞く	.10	.52	.27	−.04
活動中は角の立たない接し方を心がける	.38	.43	.00	−.05
サポートを相手が必要としていなければ，無理に行わないようにする	−.07	.41	.03	.15
F3：初心者意識（$M=3.53,\ SD=0.56$）				
私生活とボランティア活動は明確に区別している	−.26	−.18	.72	.01
ボランティア活動に初めて参加する気持ちで参加する	.03	.04	.59	.09
活動中はでしゃばった行動をしないように心がける	.18	.04	.57	.03
指示にきちんと従うようにする	.07	.24	.49	−.13
F4：主体的行動（$M=3.83,\ SD=0.63$）				
サポートや手伝いに縛られず，活動自体を楽しんで行うようにする	.16	−.12	.11	.77
ボランティア活動中は場面により自分の裁量で判断して行動する	.04	.03	−.15	.65
対象者へのサポートをしようとかたく考えず活動を行う	−.22	.09	.10	.64

活動のうち「他者への歓迎」と「傾聴」との正の関連がみられ，これらが協働を促進させる具体的スキルとなる可能性が示唆された。また，ボランティア活動に必要なスキルとして「他者を歓迎」「傾聴」「初心者意識」「主体的行動」

表9-6 地域に対する態度と関連する変数

	地域未知		協働	
他者への歓迎	−.338*	(51)	.288*	(50)
傾聴	−.260	(52)	.359*	(50)
初心者としての意識	−.162	(51)	−.054	(49)
主体的行動	−.271	(51)	.137	(50)
地域内活動組織数	−.484**	(42)	.093	(40)
近所づきあい	−.323*	(52)	−.137	(50)
地域愛着	−.313*	(52)	.206	(50)
ボランティア活動継続期間	−.354*	(52)	.218	(50)
ボランティア活動継続意図	−.093	(52)	.020	(50)

注：$*p<.05$, $**p<.01$

の4側面が探索的に抽出された。このうち，「傾聴」や「主体的行動」は社会的スキルとして指摘され得る内容を含んでいるが，「他者を歓迎」や「初心者意識」は全体を意識し，活動を客観的に見渡したときに生まれるメタスキルの側面を有していると考えられる。

第4節 まとめと今後の課題

　研究11～研究13の各研究は，標本数は少ないという制約はあるが，それぞれの地域活動に関与している者を対象として，行政との協働において，第8章で提案した協働の進展に伴う地域全体の変化が生起するかどうかを確認するために実施されたものである。

　協働の進展に伴う地域の変化を測定する指標については，協働前段階の「地域未知」については各研究で安定した尺度となっていたが，協働初期段階の「協働」と協働進展段階の「相互未知」では尺度の安定性が低かった。また，これらの3指標とその他の関連する変数との相関を見ると，協働前段階である「地域未知」から，協働初期段階の「協働」や協働進展段階の「相互自立」への変化はおおむね前章の仮説モデルと対応していた。ただし，仮説モデルにおける協働初期段階（支援関係（協働））から協働進展段階（相互自立≒市民独自）に至る連続的変化は実証されなかった。

　この背景には2つの可能性があると考えられる。第1は，調査対象者による

制約であり，調査対象者が少数であったり，活動経験者に限定されていたりしたことによる制約である。この点については，やはり同じ調査対象者を時系列的に追跡する研究が今後欠かせないと考えられる。第2は，第8章のモデルにおける協働初期段階および進展段階として想定されていた連続的変化は，協働前における地域活動を実施していた住民と行政との関係によって生じる協働後の2つの類型としてモデルに位置づける可能性も考えられる。この点は，地域の事情や特性によって，「相互自立」と仮説化していた内容がもともと行政と対立して自分たちで地域活動をしようと開始した内容があった場合も含まれてしまうという可能性である。住民と行政とが相互に役割を補完するような関係である「相互自立」の含意にそれ以外の内容も含まれている可能性がある。今後は，「相互自立」の概念の明確化した上で，「協働」と「相互自立」の間に相互性を仮定した上で検討し，モデルの実証性を高めていく必要がある。

おわりに

　本書の第1章から第8章までは，著者が2007年度に筑波大学に提出した博士論文「住民と行政との協働における個人の参加と相互作用の進展」に基づいており，第9章は，博士論文で仮説化したモデルの実証性を高めようと実施した研究を再構成したものです。大学院時代に，はじめて地域で行われている活動を見させていただいたとき，活動している方々のエネルギッシュな姿に圧倒され，私が研究してよいのか，研究によって私が何を地域に還元できるのかと迷ったこともありました。いまは，やはり地域コミュニティにおける社会心理学的研究は必要であり，研究すべき事象にあふれていると感じています。

住民と行政との協働のこれから

　本書第8章で提案した「協働の進展プロセスモデル」は，協働の進展に伴い，住民と行政の関係が変化していき，住民の関与と行政の関与の双方が変化していくことを示唆していました。これは，地域活動の担い手である人々すべての関与の仕方が，固定的ではなく常に変化を必要としていることを意味しています。さまざまな地域活動組織の様子を拝見すると，住民の方々も行政の方々もとても精力的に活動されており，頭がさがる思いがします。同時に，新規参加者の減少や活動の固定化に対する懸念をうかがう場面も少なくなりません。これからの住民と行政との協働や地域活動組織に求められてくるのは，田尾（2011）が指摘する「市民参加の組織化論」であり，著者なりに言い換えれば，地域活動組織におけるマネジメント的視点をもっと導入することではないかと考えています。その観点から，本書第9章において，「地域活動運営スキル」なる概念を提案しようと考えました。第9章第3節のボランティア活動に必要なスキルの側面で，「他者を歓迎」という因子が抽出されました。これは，地域活動を運営していく中で，多様性に対し寛容で，社会心理学でいう一般的信頼を有していること，言い換えれば，Putmamの社会関係資本論における橋渡し型（bridging）の社会関係資本の必要性を示唆しているのかもしれません。

まだ，このボランティア活動に必要なスキルとして測定した「地域活動運営スキル」は粗いものですが，今後，スキル内容が精緻化され，効果的なスキルの側面が見出せたならば，地域活動の円滑化に寄与することができるのではないかと考えています。この地域活動運営スキルは，地域活動のキーパーソンとなっている地域の方や行政の方は，暗黙裡に実践されていることかもしれません。しかし，そうした暗黙のノウハウを社会心理学的な側面から浮かび上がらせ，習得可能なスキルとすることにより，地域コミュニティの質的な向上に貢献できると考えています。地域活動や協働を実践していくときには，当然のことながら，活動を実施することに注力され，活動の効果をチェックしたり，活動の分析をしたりすることは少ないのではないでしょうか。その際に，活動や活動されている方々を批判するためでなく，活動や活動されている方々をサポートするために，社会心理学が得意とする調査法を駆使した実証データをもとに，地域コミュニティの方々と一緒によりよい形を考えていけるようになれば素敵だと想像しています。このような活動を実践していくことが，社会心理学が実社会に活きる学問だと言える証しだと考えるのです。

謝　辞

　本書のもととなる博士論文を作成までには，多くの方々にご指導とご助言をいただきました。卒業研究から一貫してご指導いただいた松井豊先生（筑波大学教授）には，衷心より感謝申し上げます。学類生のとき，ある事象をデータで実証することの愉しさを教えていただき，以後，細やかなご指導をいただけたからこそ今日があると感じております。また，大学院生の頃から現在まで，相談や議論をさせていただいている松井研究室の先輩・後輩各位にも感謝します。

　なにより，各研究の実施時の多くの方々との出会いがあったからこそ本書の研究が実現したと考えています。地域の皆様には，お忙しい中，温かいご配慮をいただいたことに感謝するとともに，皆様との出会いによって，本書を構成する研究の深まりと限界の両面を感じることができました。また，本書を構成する研究は，産業・組織心理学会若手研究支援，（財）生協総合研究所研究奨励，（財）社会安全研究財団，JSPS 科研費 23730590，平成 26 年度立正大学研究推進・地域連携センター支援費第 2 種，JSPS 科研費 15K17256 の研究助成

をそれぞれ受け，実施が可能となりました。出版にあたっては，ナカニシヤ出版の宍倉由髙さんに大変お世話になりました。

　最後に，私の意思や進路を尊重し育んでくれた父母と祖父母，本書をまとめあげる原動力をくれた妻アランと娘の紅花に心から感謝します。ありがとうございました。

平成 29 年 12 月
髙橋　尚也

本書を構成する研究の公刊状況

〈第Ⅰ部〉
髙橋尚也(2012).2005年までに刊行された住民と行政との協働事例論文にみられる特徴 立正大学心理学研究年報, 3, 49-57.

〈第Ⅱ部〉
髙橋尚也(2006).大学生における地方公務員イメージの構造とその規定因 産業・組織心理学研究, 19(2), 37-49. 　　　　　　　　　　　　　　　　　　　　研究1・研究2
髙橋尚也・松井豊(2005).自治体職員に関する新聞記事の内容分析 筑波大学心理学研究, 30, 25-32. 　　　　　　　　　　　　　　　　　　　　　　　　　　　研究3
髙橋尚也(2008).成人における行政との協働意図および協働経験を規定する要因の検討 心理学研究 　　　　　　　　　　　　　　　　　　　　　　　　　　　　　研究5
髙橋尚也(2007).住民との「協働」に関わる自治体職員の意識に関する探索的検討 産業・組織心理学研究, 20(2), 53-64. 　　　　　　　　　　　　　　　　　　　研究6
髙橋尚也(2010).地域防犯活動に対する市民参加を規定する要因：東京都江戸川区における二つの調査結果をもとに 社会心理学研究, 26, 97-108. 　　　　研究7・研究9

〈第Ⅲ部〉
髙橋尚也(2018).行政と住民との協働に関する社会心理学的研究の動向―協働の進展プロセスに関する仮説モデルの提唱― 応用心理学研究, 43(3), 1-13.
高橋尚也(2016).地域活動に対する保護司の意識―品川区保護司会との協働による実践― 立正大学心理学研究年報, 7, 25-35.

引用文献

飽戸　弘（1970）．イメージの心理学　潮出版社
Adorno, T. W., Frankel-Brunswik, E., Levinson, D. J., & Sanford, R. N. (1950). *The authoritarian personality.* New York: Harper & Brothers.（田中義久・矢沢修次郎・小林修一（訳）　1980　権威主義的パーソナリティ　日高六郎ら（編）　現代社会学体系第12巻　青木書店）
Allport, G. W.（都留重人（訳））（1950）．期待の役割　H. キャントリル　平和問題談話会（訳）　戦争はなぜ起きるか　岩波書店　Pp. 31-65.（In Cantril, H. (Ed.). (1950). *Tensions that cause wars.* Urbana, IL: The University of Illinois Press.）
Almond, G. A., & Verba, S. (1963). *The civic culture: Political attitudes and democracy in five nations.* Princeton, NJ: Princeton University Press.（石川一雄・片岡寛光・木村修三・深谷満雄ら（訳）　1974　現代の政治文化　現代政治理論叢書3　勁草書房）
安藤香織・広瀬幸雄（1999）．環境ボランティア団体における活動継続意図・積極的活動意図の規定因　社会心理学研究，15, 90-99.
青木俊明・鈴木　温（2005）．社会資本整備における賛否態度の形成：公正の絆理論と態度変容モデルの統合　実験社会心理学研究，45, 43-54.
荒木昭次郎（1990）．参加と協働—新しい市民＝行政関係の創造—　ぎょうせい
Arnstein, S. R. (1969). A ladder of citizen participation. *Journal of the American Institute for Planners,* 35, 216-224.
渥美公秀・杉万俊夫・森　永壽・八ツ塚一郎（1995）．阪神大震災におけるボランティア組織の参与観察研究—西宮ボランティアネットワークと阪神大震災地元NGO救援連絡会議の事例—　実験社会心理学研究，35, 218-231.
Berger, J., Rosenholtz, S. J., & Zelditch, M. (1980). Status organizing processes. In A. Inkles, N. J. Smelser, & R. Turner (Eds.), *Annual Review of Sociology.* Palo Alto, CA: Annual Reviews. Pp. 479-508.
分権型社会に対応した地方行政組織運営の刷新に関する研究会（2005）．分権型社会における自治体経営の刷新計画—新しい公共空間の形成を目指して—
Buss, A. H. (1986). *Social behavior and personality.* Hillsdale, NJ: Lawrence Erlbaum Associates.（大渕憲一（訳）　1991　対人行動とパーソナリティ　北大路書房）
地方分権推進委員会（2001）．地方分権推進委員会　最終報告（2001年6月14日）
地方自治研究資料センター（1977）．地方公務員の組織行動　財団法人地方自治研修協会
地方自治研究資料センター（1980）．公私組織体質比較　自治研修協会
Darley, J. M., & Fazio, R. H. (1980). Expectancy confirmation processes arising in the social interaction sequence. *American Psychologist,* 35, 867-881.
Fishbein, M., & Ajzen, J. (1975). *Belief, attitude, intention, and behavior: An introduction to*

theory and research. Reading, MA: Addison-Wesley.

藤井　聡（2005）．行政に対する信頼の醸成条件　実験社会心理学研究，**45**, 27-41.

Gibbons, F. X., Gerrard, M., Blanton, H., & Russell, D. W. (1998). Reasoned action and social reaction: Willingness and intention as independent predictors of health risk. *Journal of Personality and Social Psychology*, **74**, 1164-1180.

Gibbons, F. X., Gerrard, M., & McCoy, S. B. (1995). Prototype perception predicts (lack of) pregnancy prevention. *Personality and Social Psychology Bulletin*, **21**, 85-93.

Giddens, A. (1998). *The third way: The renewal of social democracy.* Cambridge, UK: Polity Press.（佐和隆光（訳）　第三の道―効率と公正の新たな同盟―　日本経済新聞社）

Habermas, J. (1990). *Strukturwandel der Öffentlichkeit: Untersuchungen zu einer Kategorie der bürgerlichen Gesellschaft*. Frankfurt am Main: Suhrkamp（細谷貞夫・山田正行（訳）　公共性の構造転換［第2版］―市民社会の一カテゴリーについての探求　未来社）

箱井英寿・高木　修（1987）．援助規範意識の性別，年代，および，世代間の比較　社会心理学研究，**3**, 39-47.

広瀬幸雄（1994）．環境配慮行動の規定因について　社会心理学研究，**10**, 44-55.

池田謙一（1997）．転変する政治のリアリティ：投票行動の認知社会心理学　木鐸社

池田謙一（2007）．政治のリアリティと社会心理：平成小泉政治のダイナミックス　木鐸社

今川　晃（2005）．新たな地域政策ビジョン　今川　晃・山口道昭・新川達郎（編）　地域力を高めるこれからの協働―ファシリテータ育成テキスト―　第一法規　Pp. 1-8.

今川　晃・山口道昭・新川達郎（2005）．地域力を高めるこれからの協働―ファシリテータ育成テキスト―　第一法規

人事院（2002）．公務員白書（平成14年度版）　財務省印刷局

加藤潤三・池内裕美・野波　寛（2004）．地域焦点型目標意図と問題焦点型目標意図が環境配慮行動に及ぼす影響：地域環境としての河川に対する意思決定過程　社会心理学研究，**20**, 134-143.

木佐茂男・逢坂誠二（2003）．わたしたちのまちの憲法　日本経済評論社

今野裕之（1994）．地位上昇欲求と地位を上げる戦略　山本真理子（編）　ソーシャルステイタスの社会心理学―日米データにみる地位イメージ―　サイエンス社　Pp. 37-61.

公平慎策（1979）．転換期の政治意識：変わる日本人の政治行動　慶應通信

松本英昭（2004）．変わる日本の地方自治　大森　彌・卯月盛夫・大沢　猛・小田切徳美・辻　琢也　自立と協働によるまちづくり読本　ぎょうせい　Pp. 1-8.

松野　弘（2004）．地域社会形成の思想と論理―参加・協働・自治―　ミネルヴァ書房

三宅一郎・福島徳寿郎（1975）．都市行政組織の構造と動態　京都大学人文科学研究所

内閣府（2004）．国民生活白書（平成16年度版）　国立印刷局

内閣府（2007）．国民生活白書（平成19年度版）　国立印刷局

内閣府国民生活局市民活動推進課（2003）．ソーシャル・キャピタル：豊かな人間関係と市民活動の好循環を求めて（平成14年度内閣府委託調査）　http://www.npo-homepage.go.jp/data/report9_1.html（2007年11月22日）

野田浩資（2003）．パートナーシップの形成過程：都市公園再整備への住民参加を事例として　京都府立大学学術報告（人文・社会），**55**, 247-259.

野波　寛・加藤潤三・池内裕美・小杉考司（2002）．共有財としての河川に対する環境団体員と一般住民の集合行為：個人行動と集団行動の規定因　社会心理学研究, 17, 123-135.
大渕憲一（1991）．多水準の公正評価と国に対する態度　東北大学文学研究科研究年報, 51, 172-150.
大渕憲一・福野光輝（2003）．社会的公正と国に対する態度の絆仮説：多水準公正評価，分配的および手続的公正　社会心理学研究, 18, 204-212.
大渕憲一・福野光輝・今在慶一朗（2003）．国の不変信念と社会的公正感：デモグラフィック変数，国に対する態度，及び抗議反応との関係　応用心理学研究, 28, 112-123.
大友章司（2004）．環境リスク行動の2つの意思決定プロセスと非環境配慮行為者のイメージが行動決定に及ぼす影響について　環境教育, 13(2), 25-34.
Ostrom, V. (1977). Structure and performance. In V. Ostrom, & F. P. Bish (Eds.), *Comparing urban service delivery systems* (*Urban Affairs Annual Reviews*, vol. 12). Beverly Hills, CA: Sage Publications. Pp. 19-44.
Putnam, R. D. (1993). *Making democracy work.* Princeton, NJ: Princeton University Press. （河田潤一（訳）　哲学する民主主義―伝統と改革の市民的構造　NTT出版）
Putnam, R. D. (2000). *Bowling alone: The collapse and revival of American community.* New York: Simon & Schuster. （柴内康文（訳）　2006　孤独なボウリング　米国コミュニティの崩壊と再生　柏書房）
酒井恵子・久野雅樹（1997）．価値志向的精神作用尺度の作成　教育心理学研究, 45, 388-395.
Sampson, R. J., Raudenbush, S. W., & Earis, F. (1997). Neighborhoods and violent crime: A multilevel study of collective efficacy. *Science*, 277, 918-924.
佐藤　滋（2005）．地域協働の時代とまちづくり　佐藤　滋・早田　宰（編）　地域協働の科学：まちの連携をマネジメントする　成文堂　Pp. 1-12.
佐藤　徹（2005）．市民参加の基礎概念　佐藤　徹・高橋秀行・増原直樹・森　賢三　新説市民参加：その理論と実際　公人社　Pp. 1-27.
世古一穂（1999）．市民参加のデザイン―市民・行政・企業・NPOの協働の時代　ぎょうせい
妹尾香織・高木　修（2003）．援助行動経験が援助者自身に与える効果：地域で活動するボランティアに見られる援助成果　社会心理学研究, 18, 106-118.
清水　亮（2006）．コミュニティ・リ・デザインとネットワーク　似田貝香門・矢澤澄子・吉原直樹（編）　越境する都市とガバナンス　法政大学出版局　Pp. 87-111.
総務省統計局（2002）．千葉県の人口　総務省統計局
総理府広報室（1973）．公務員に関する世論調査　月刊世論調査, 5(12), 2-24.
杉浦淳吉・大沼　進・野波　寛・広瀬幸雄（1998）．環境ボランティアの活動が地域住民のリサイクルに関する認知・行動に及ぼす効果　社会心理学研究, 13, 143-151.
鈴木　平・小島貴子・根建金男・春木　豊（1999）．怒り尺度の標準化―その2　日本健康心理学会第12回大会発表論文集, 118-119.
高田昭彦（2006）．武蔵野市におけるコミュニティづくり―市民と行政のパートナーシップに基づくコミュニティづくり―　成蹊大学文学部学会（編）　公助・共助・自助のちか

ら─武蔵野市からの発信─　風間書房　Pp. 17-63.
高木　修（1997）．援助行動の生起過程に関するモデルの提案　関西大学社会学部紀要，**29**(1)，1-21.
高木　修・玉木和歌子（1996）．阪神・淡路大震災におけるボランティア：災害ボランティアの活動とその経験の影響　関西大学社会学部紀要，**28**(1)，1-62.
田尾雅夫（2011）．市民参加の行政学　法律文化社
卯月盛夫（2004）．住民参画で職員・住民を鍛える　大森　彌・卯月盛夫・北沢　猛・小田切徳美・辻　琢也　自立と協働によるまちづくり読本　ぎょうせい　Pp. 125-212.
脇田健一（2000）．行政と環境ボランティアは連携できるのか─滋賀県石けん運動から　鳥越晧之（編）　環境ボランティア・NPOの社会学（シリーズ環境社会学１）　新曜社　Pp. 150-162.
山田一成（1990）．現代大学生における政治的疎外意識の構造　社会心理学研究，**5**，50-60.
山本真理子・松井　豊・山成由紀子（1982）．認知された自己の諸側面の構造　教育心理学研究，**30**，64-68.
山中英生（2003）．市民参加の事例─公共事業の意思決定への関与の観点から　地域開発，**471**，32-36.
Zimmerman, M. A. (2000). Empowerment theory: Psychological, organizational, and community levels of analysis. In J. Rappaport & E. Seidman (Eds.), *Handbook of community psychology* (Pp. 43-63). New York: Kluwer Academic/Plenum Publishers.
Zimmerman, M. A., & Rappaport, J. (1988). Citizen participation, perceived control, and empowerment. *American Journal of Community Psychology*, **19**, 251-278.

索　引

著者索引

A to Z

Adorno, T. W.　23, 28
Ajzen, J.　20
Allport, G. W.　28
Almond, G. A.　23
Arnstein, S. R.　7, 8
Berger, J.　28
Blanton, H.　20
Buss, A. H.　41
Darley, J. M.　28
Earis, F.　19
Fazio, R. H.　28
Fishbein, M.　20
Frankel-Brunswik, E.　23
Gerrard, M.　20
Gibbons, F. X.　20, 22
Giddens, A.　i, 20
Habermas, J.　i
Levinson, D. J.　23
McCoy, S. B.　20
Ostrom, V.　3, 5, 8, 15, 26
Putnam, R. D.　18, 128, 145
Rappaport, J.　6, 19
Raudenbush, S. W.　19
Rosenholtz, S. J.　28
Russell, D. W.　20
Sampson, R. J.　19
Sanford, R. N.　23
Verba, S.　23
Zelditch, M.　28, 19
Zimmerman, M. A.　6, 19

あ　行

青木俊明　24, 128
渥美公秀　20, 25
飽戸 弘　23
荒木昭次郎　3, 19
安藤香織　21, 22, 128, 129
池内裕美　21, 22
池田謙一　23, 128
今川 晃　5
今在慶一朗　24
卯月盛夫　7
逢坂誠二　8, 9
大友章司　22
大沼 進　21, 22
大渕憲一　23, 24, 41

か　行

加藤潤三　21, 22, 28, 128
木佐茂男　8, 9
久野雅樹　61
公平慎策　41
小島貴子　42
小杉考司　21, 22
今野裕之　41

さ　行

酒井恵子　61
佐藤 滋　4
佐藤 徹　4
清水 亮　4
新川達郎　5
人事院　33, 35
杉浦淳吉　21, 22, 25, 27, 128

杉万俊夫　20
鈴木　平　42
鈴木　温　24,128
世古一穂　5
妹尾香織　20
総理府広報室　33,35

　　　　た　行

田尾雅夫　145
高木　修　20,28,98
高田昭彦　113
玉木和歌子　20,28
地方自治研究資料センター　33,35
地方分権推進委員会　5

　　　　な　行

内閣府　17,129
内閣府国民生活局市民活動推進課　18,128
根建金男　42
野田浩資　8
野波　寛　21,22,128,129

　　　　は　行

箱井英寿　98

春木　豊　42
広瀬幸雄　20,21,22,128,129
福島徳寿郎　33,35
福野光輝　24
藤井　聡　24,33,129
分権型社会に対応した地方行政組織運営の刷新に関する研究会　7

　　　　ま　行

松井　豊　41,146
松野　弘　4
松本英昭　i
三宅一郎　33,35
森　永壽　20

　　　　や・わ行

八ッ塚一郎　20
山口道昭　5
山城友紀子　41
山田一成　41
山中英生　i,ii
山本真理子　41
脇田健一　ii

事項索引

A to Z

bridging　145
collective efficacy　19
coproduction　3
NPO　18
Prototype/Willingness モデル　20, 22, 23
social capital　18

あ 行

安全・安心まちづくり大綱　68
因子分析　35
援助効果　20
エンパワメント　19

か 行

行政主導　122
行政に対する期待　33
行政への相互作用期待　67, 121
協働　3
協同意図　27
協働経験　27
協働の進展プロセスモデル　29
公共政策学　26
公正の絆仮説　23
合理的行動理論　20
コミュニティ　4
コミュニティ構想　69
コミュニティ心理学　6

さ 行

支援関係　126
自主三原則　69
自治体職員イメージ　33
市民参加　6
市民参加の組織化論　145
市民参加の梯子　7
市民社会論　i
社会関係資本　18
社会的活動性　113, 121
社会的公正理論　23
重回帰分析　45
集合的効力感　19
受益性　121
信頼関係　123
数量化理論第Ⅲ類　55
政治行政に対する関心　121
相互自立　126
相互未知　126
側面的支援　121

た 行

対等関係　123
地域間比較　28
地域に対する態度　132
地域への愛着　121
地縁型住民組織　7
地方分権推進一括法　5
テーマ型地域別住民組織　7
テーマ別市民活動組織　7

な・は・や 行

2段無作為抽出法　85
パートナーシップ　4
橋渡し型　145
半構造化面接法　78
判別分析　66, 110
ボランティア活動スキル　138
要因連関モデル　20

資料1　第1章第2節の分析に用いられた論文リスト

No	著者	公刊年	誌名	巻（号）	ページ
1	八木沢忠男	1990	月刊福祉	73(9)	37-41
2	三瓶恭士	1998	NIRA 政策研究	11(7)	16-19
3	熊沢隆士	1999	月刊自治フォーラム	(473)	39-43
4	八尾市監査事務局	1999	月刊自治フォーラム	(481)	42-45
5	浅野聡ほか	2000	三重大学地域共同研究センター研究報告	8	100-107
6	竹内英樹ほか	2000	研究所年報	14	39-51
7	橋本隆美	2000	公園緑地	61(2)	49-52
8	（記載なし）	2000	JAPIC	(81)	12-16
9	神戸市都市計画局区画整理部	2000	区画整理	43(10)	30-50
10	福田志乃	2000	地方行政	(9308)	2-6
11	橋本禅・佐藤洋平	2000	農村計画学会誌	19(2)別冊	91-96
12	小林昭裕	2001	環境情報科学論文集	15	173-178
13	田中重好ほか	2001	現代社会学研究	14	23-47
14	浅野聡ほか	2001	三重大学地域共同研究センター研究報告	9	42-49
15	小野兼昭ほか	2001	自治体学研究	(82)	66-69
16	松浦さと子	2001	コミュニティ政策研究	3	81-93
17	清原慶子	2001	日本社会情報学会学会誌	13(1)	21-33
18	大南信也	2001	月刊自治フォーラム	(502)	47-52
19	三重県地域振興部地域振興課	2001	月刊自治フォーラム	(502)	32-36
20	齋藤啓子	2001	道路	(726)	40-44
21	堀江節子	2001	月刊自治フォーラム	(504)	49-53
22	森田健太郎	2001	水資源・環境研究	14	28-35
23	下田博次	2001	造景	(34)	117-120
24	藤澤浩子	2002	21世紀社会デザイン研究	1	131-142
25	渋谷典子	2002	国立女性教育会館研究紀要	6	77-84
26	牧瀬稔	2002	都市計画論文集	37	313-318
27	早野博和	2002	区画整理	45(2)	72-81
28	岡山県岡山市	2002	月刊公民館	(538)	17-20
29	久隆浩	2002	都市計画	51(3)	53-58
30	森山沾一	2002	日本の社会教育	46	198-209
31	椎野修平	2002	自治体国際化フォーラム	155	14-16
32	畑田和佳奈	2002	アドミニストレーション	9(1・2)	171-193
33	澤田洋子	2003	「住まい・まち学習」実践報告・論文集	4	147-152
34	富澤賢治	2003	聖学院大学総合研究所 newsletter	13(1)	30-32
35	熊倉浩靖	2003	NIRA 政策研究	16(10)	32-36
36	廣田学・早川洋行	2003	滋賀大学教育学部紀要 人文科学・社会科学	53	33-49
37	西宮幸一	2003	廃棄物学会誌	14(6)	310-320
38	鈴木伸若	2003	月刊自治フォーラム	(522)	51-55
39	野中勝利	2003	公園緑地	64(1)	36-40

No	著者	公刊年	誌名	巻(号)	ページ
40	瀬川誠	2003	情報処理	44(5)	484-488
41	藤目節夫	2003	IRC調査月報	(181)	20-30
42	彦根市都市開発部都市計画課	2003	公園緑地	64(3)	39-43
43	井ノ口正	2003	公営企業	35(7)	46-52
44	庄司知教ほか	2003	廃棄物学会研究発表会講演論文集	14(1)	185-187
45	大岡一馬	2003	月刊自治研	(531)	91-97
46	塚本善弘	2004	愛知大学綜合郷土研究所紀要	49	1-17
47	中島正裕ほか	2004	環境情報科学論文集	18	61-66
48	南秀一	2004	コミュニティ政策	2	136-148
49	安藤真理	2004	「住まい・まち学習」実践報告・論文集	5	109-114
50	川野一宏	2004	全国公共図書館研究集会報告書		10-12
51	前山総一郎	2004	産業文化研究	13	17-35
52	牧瀬稔	2004	法政大学大学院紀要	52	211-226
53	杉元政光	2004	学校経営	49(1)	41-49
54	江川直樹・今井信博	2004	住宅	53(2)	22-33
55	日本政策投資銀行地域企画チーム	2004	金融財政事情	55(5)	60-61
56	清水原	2004	総合都市研究	83	67-80
57	川端あゆみ	2004	下水道協会誌	41(497)	41-43
58	須永真理子	2004	月刊自治フォーラム	(536)	54-58
59	中島正裕ほか	2004	農村計画学会誌	23(1)	16-22
60	高野義彦	2004	月刊自治フォーラム	(538)	32-39
61	越川秀治	2004	都市公園	(166)	15-18
62	東京都日野市	2004	アース地球環境	(22)	12-15
63	埼玉県さいたま市立生涯学習総合センター	2004	月刊公民館	(570)	3-7
64	石井旭・小林英嗣	2004	日本建築学会技術報告集	20	267-270
65	高松泰ほか	2005	交通工学	40(3)	33-41
66	岩渕公二	2005	総合政策	6(2)	133-151
67	木下征彦	2005	生きがい研究	11	78-104
68	嶋崎東子ほか	2005	生活経営学研究	40	22-27
69	得納基市	2005	都市清掃	58	279-285
70	花野勝則	2005	水道協会雑誌	74(5)	14-22
71	日隈桂子	2005	保健師ジャーナル	61(6)	488-491
72	トヨタ白川郷自然学校	2005	公園緑地	66(2)	37-41
73	兵庫県宝塚市雲雀丘山手緑化推進委員会	2005	公園緑地	66(2)	30-36
74	富山市建設部公園緑地課	2005	公園緑地	66(2)	27-29
75	宮前ガーデニング倶楽部	2005	公園緑地	66(2)	21-26
76	三重県生活部NPO室	2005	公園緑地	66(2)	17-20
77	丸尾進	2005	区画整理	48(8)	109-116
78	中村章男ほか	2005	下水道協会誌	42(518)	61-63

資料2　研究3の言説分析に用いた新聞記事リスト

	検索語	月	日付（面）	字数	見出し
1	地方公務員	4	2002年04月30日（2社会）	863	襲撃の日から：15「「みる・きく・はなす」はいま　第26部）
2	地方公務員	4	2002年04月29日（1社会）	5270	さめて怒って小泉離れ、崩れた保守王国　新潟・徳島で自民敗北
3	地方公務員	4	2002年04月19日（3社会）	265	メーデー会場の使用巡り提訴　全労連、都を相手に
4	地方公務員	5	2002年05月30日（1経済）	637	予算編成の基本的考え方（骨子）
5	地方公務員	5	2002年05月20日（オピニオン2）	485	自然に謙虚な気持ちほしい　都会が忘れたもの（声）
6	地方公務員	5	2002年05月08日（オピニオン2）	455	HP立ち上げ、得られた救い（声）
7	地方公務員	6	2002年06月29日（オピニオン2）	446	天国の義父よ、決勝を見よう（声）
8	地方公務員	6	2002年06月28日（3経済）	507	公共事業は雇用創出策、生産効率の効果は半減　財務省が研究報告
9	地方公務員	6	2002年06月22日（3経済）	1292	森林、木造住宅通い再生図る（ニッポンの未来は　地域で挑む：4）
10	地方公務員	6	2002年06月14日（1社会）	275	「W杯日本戦、職員はTV見るな」　山形県庁に賛否の電話が相次ぐ
11	地方公務員	6	2002年06月13日（政治）	455	歳出削減の加速強調　経財諮問会議の03年度「考え方」原案判明
12	自治体職員	6	2002年06月24日（3総合）	2378	地方発、狙うは国選挙　全国初の電子投票（時時刻刻）
13	地方公務員	7	2002年07月21日（3総合）	2068	素性、探られ放題　四日市で住民情報不正照会疑惑（時時刻刻）
14	地方公務員	7	2002年07月30日（1社会）	412	公務員月給、初マイナス勧告へ　民間指標の悪化受け人事院
15	自治体職員	7	2002年07月24日（2総合）	1119	官僚任せではだめだ　改革特区（社説）
16	自治体職員	7	2002年07月21日（3総合）	2068	素性、探られ放題　四日市で住民情報不正照会疑惑（時時刻刻）
17	地方公務員	8	2002年08月22日（2総合）	305	地方公務員の55歳昇給停止、22都府県に拡大　総務省調査
18	地方公務員	8	2002年08月20日（2社会）	416	助役の自殺、「労災」認定　「公務で精神的疲労」徳島・木頭村
19	地方公務員	8	2002年08月09日（3総合）	1958	民間・年金…飛び火　国家公務員月給、引き下げの勧告（時時刻刻）
20	地方公務員	8	2002年08月07日（1経済）	1132	消費低迷の恐れ内包、個人の負担増が重荷に　概算要求基準
21	地方公務員	8	2002年08月03日（政治）	1328	今国会で成立・承認した法律・条約：下
22	地方公務員	8	2002年08月03日（オピニオン2）	379	文化を育てる、図書館充実を（声）
23	自治体職員	8	2002年08月02日（1経済）	264	外形標準課税「自力でやれ」　地方公聴会で片山総務相が一喝
24	自治体職員	9	2002年09月21日（政治）	1128	目玉の経済政策、違いは社会像（民主代表選2002）
25	地方公務員	9	2002年09月10日（2社会）	370	看護師2人がコレラに感染　青森県立病院
26	自治体職員	9	2002年09月30日（3総合）	2041	介護保険、来春見直し　需要と負担、板挟み（時時刻刻）
27	自治体職員	9	2002年09月30日（2社会）	717	「防災通信簿」に着手　消防庁、自治体職員体の対策を数値化
28	地方公務員	10	2002年10月29日（くらし）	2299	パート・派遣にも育休を　女性ら、権利求める動き
29	地方公務員	10	2002年10月12日（1社会）	156	湊和夫さん死去
30	地方公務員	10	2002年10月03日（3経済）	108	地方公務員にも能力主義導入を　全国経済同友会が提言
31	地方公務員	11	2002年11月27日（オピニオン1）	1436	公務員採用　大学院修了者に年齢の壁　斎藤悠（私の視点）
32	地方公務員	11	2002年11月21日（政治）	223	「バブル前が適正な水準」　地方単独事業削減で片山総務相
33	自治体職員	11	2002年11月02日（3経済）	246	浄水場の管理、民間企業受託　広島県三次市から
34	地方公務員	12	2002年12月27日（政治）	111	今年も地方公務員総数減（永田町霞が関）
35	地方公務員	12	2002年12月22日（オピニオン2）	536	女性差別訴訟、和解に心軽く（声）
36	自治体職員	12	2002年12月19日（2総合）	318	義務教育費国庫負担2200億円削減　来年度予算編成
37	地方公務員	12	2002年12月19日（2社会）	327	公務災害を高裁認めず　教諭自殺で逆転判決
38	地方公務員	12	2002年12月13日（1社会）	1133	大学院に企業参入を検討　医療分野の緩和削除　規制改革会議答申
39	自治体職員	12	2002年12月27日（くらし）	521	娘が電話好きなわけ　小林明仁：2（父のひとりごと）
40	地方公務員	12	2002年12月23日（2社会）	806	GPS携帯で災害情報　早期に集約、コスト抑制　横浜国大など開発
41	自治体職員	12	2002年12月20日（くらし）	525	妻の出張中ななしむ娘　小林明仁：1（父のひとりごと）
42	自治体職員	12	2002年12月10日（政治）	528	福岡で公聴会、護憲意見多数　憲法調査会から　衆院9日
43	自治体職員	12	2002年12月07日（be週末b3）	2913	アイデアから運営まで住民で創る公共サービス（beReport）
44	自治体職員	12	2002年12月03日（政治）	2603	論戦「平成の大合併」目的手段改めて問う（e-デモクラシー）
45	地方公務員	1	2003年01月28日（政治）	153	統一地方選で「公務員は中立に」（永田町霞が関）
46	地方公務員	1	2003年01月27日（オピニオン2）	426	公務員も様々、官僚こそ範を（声）
47	地方公務員	1	2003年01月15日（オピニオン2）	400	スリランカに、夫と祈る復興（声）
48	地方公務員	1	2003年01月13日（オピニオン2）	399	学校も行政も民間手法学べ（声）
49	地方公務員	1	2003年01月08日（2社会）	610	札幌医大教員195人のバイト収入、年6億円　1割が時間枠超過
50	自治体職員	1	2003年01月31日（くらし）	524	自立心芽生える娘　小林明仁：5（父のひとりごと）
51	自治体職員	1	2003年01月26日（オピニオン1）	1572	知的パワー　人材育成は国家事業で　田南立也（私の視点サンデー）
52	自治体職員	1	2003年01月24日（くらし）	538	ライン川のほとりで　小林明仁：4（父のひとりごと）
53	自治体職員	1	2003年01月23日（3社会）	1471	情報保護、不安消えず　住民基本台帳データ盗難（岩代発）
54	自治体職員	1	2003年01月17日（くらし）	536	「家族水入らず」を満喫　小林明仁：3（父のひとりごと）
55	地方公務員	2	2003年02月21日（1社会）	865	福井の招魂社、歴代市長が奉賛会長　自治体議会から寄付集め
56	地方公務員	2	2003年02月19日（2総合）	317	ロボット歩行、特区で認める　警察庁
57	地方公務員	2	2003年02月11日（オピニオン2）	1749	地域から風が吹くのに　小此木潔（春鳴動）
58	地方公務員	2	2003年02月11日（3社会）	329	「都の抽選は合理的」　メーデー会場使用許可巡る訴訟で東京地裁
59	地方公務員	3	2003年03月12日（東特集E）	4397	第26回朝日アマ将棋名人戦　22・23日に全国大会
60	地方公務員	3	2003年03月08日（3総合）	355	公務員の年金一本化、04年・09年の2段階実施へ
61	自治体職員	3	2003年03月08日（政治）	1744	脱公共事業　政官業癒着にくさび（成果こそ　知事たちの発信：5）
62	自治体職員	3	2003年03月06日（くらし）	2772	担い手足りぬ、へき地医療　最前線、自治体職員医大卒業生の苦闘

資料3　研究9で実施した調査の単純集計表

地域や行政に対する意識に関するアンケート調査
N=141

<u>それでは、質問をはじめます。まず、あなたと地域との関わりについておたずねします。</u>

問1　あなたは、いまの住所に住みはじめてから、およそ何年になりますか。直接数字を記入してください。

　　　およそ（　M 16.67(SD14.57)　　（数字を直接記入）

問2　あなたは近所づきあいをどの程度していらっしゃいますか。次の中からあてはまるものに○をつけてください。（○はひとつ）
M 2.45

1. 親しくつきあっている	(22.7)	3. あまり、つきあっていない	(28.4)　SD 1.05
2. つきあいはしているが、あまり親しくはない	(29.1)	4. つきあいはしていない	(19.9)　NA 1

問3　あなたの地域では、住民の方々の交流はありますか。以下の中であてはまるものすべてに○をつけてください。（○はいくつでも）

a. 自治会や住民組織の活動が活発である	(40.4)	e. 地域に愛着をもっている人が多い	(20.6)
b. 趣味の会などの活動が活発である	(15.6)	f. お祭りや地域の行事が盛んである	(42.6)
c. 近所づきあいが多い	(12.1)	g. あてはまるものがない	(30.5)
d. 昔からのつきあいが多い	(27.7)		

問4　あなたは現在この地域で、次にあげるような会や集まりに所属していますか。所属しているものすべてに○をつけてください。（○はいくつでも）

a. 町内会・自治会	(45.4)	h. 生協活動	(6.4)
b. 商店会・同業者組合	(1.4)	i. 福祉活動団体	(0.0)
c. 女性団体	(1.4)	j. NPO・NGO	(2.1)
d. 老人会・老人クラブ	(0.7)	k. ボランティア組織	(5.0)
e. 父母会・PTA	(15.6)	l. その他の地域住民組織（　　　）	(4.3)
f. 消防団・自主防災組織	(2.1)		
g. スポーツ・趣味のサークル	(16.3)	m. どれにも参加していない	(37.6)

問5　あなたは、現在住んでいる地域に対して、どの程度愛着をもっていますか。次の中からあてはまるものに○をつけてください。（○はひとつ）

1. とても愛着をもってい	(28.6)	3. あまり愛着をもっていない	(13.6)　M 1.91
2. やや愛着をもってい	(55.0)	4. まったく愛着をもっていない	(2.9)　SD 0.73
			NA 1

次に、地域で行われている防犯活動についておたずねします。

問6 あなたは地域で行われている防犯活動に参加していますか、参加していませんか。(○はひとつ)
   1. 参加している　(14.2)　　2. 参加していない　(85.8)

この質問は「2. 参加していない」に○をつけた方のみお答えください。

N=121　問6(2)　あなたは今後、地域で行われている防犯活動に参加しようと思いますか、思いませんか。(○はひとつ)
   1. ぜひ参加しようと思う　(2.5)　　4. どちらかといえば、参加しようとは思わない　(18.5)　M 2.85
   2. どちらかといえば、参加しようと思う　(42.0)　　5. 参加しようとは思わない　(6.7)　SD 0.98
   3. どちらともいえない　(30.3)　　　　　　　　　　　　　　　　　　　　　　　　　　NA 2

➡ **問7へとんでください**

N=20
以下の質問は、「1. 参加している」に○をつけた方のみお答えください。

(1) あなたが参加を始めたのは、およそいつごろからですか。(○はひとつ)
   1. 半年前から　(15.8)　　4. 3年前から　(26.3)　　M 4.11
   2. 1年前から　(5.3)　　　5. 4年前から　(5.3)　　SD 1.80
   3. 2年前から　(10.5)　　 6. 5年以上前から　(36.8)　NA 1

(2) あなたはどのくらいの頻度で防犯活動に参加をしていますか。(○はひとつ)
   1. ほぼ毎日　(10.0)　　4. 3ヶ月に1回程度　(10.0)　M 4.50
   2. 週に1回程度　(0.0)　 5. 半年に1回程度　(35.0)　SD 1.53
   3. 1ヶ月に1回程度　(15.0)　6. 1年に1回程度　(30.0)　NA 0

(3) あなたは、どのような防犯活動に参加していますか。あてはまるものすべてに○をつけてください。(○はいくつでも)
   a. 外出時に、腕章やステッカーをつける　(15.0)　h. 防犯に関する講習会やイベント　(15.0)
   b. 防犯パトロール(施設点検や自警団を含む)　(55.0)　i. 防犯カメラの設置や管理　(0.0)
   c. 警察や行政との情報交換　(10.0)　j. 環境をよくする運動　(45.0)
   e. 登下校時の子どもの安全確保　(50.0)　(美化、リサイクル、迷惑駐車(駐輪)防止など)
   f. 防犯・防災のための個別訪問　(5.0)　k. その他　(5.0)
   g. 近所でのあいさつ運動　(25.0)　(　　　　　　　　　　)

(4) あなたが参加している防犯活動は、どのような組織で行われていますか。(○はいくつでも)
   a. 町内会・自治会　(50.0)　g. スポーツ・趣味のサークル　(0.0)
   b. 商店会・同業者組合　(0.0)　h. 生協活動　(0.0)
   c. 女性団体　(0.0)　i. 福祉活動団体　(0.0)
   d. 老人会・老人クラブ　(10.0)　j. NPO・NGO　(0.0)
   e. 父母会・PTA　(60.0)　k. ボランティア組織　(5.0)
   f. 消防団・自主防災組織　(0.0)　l. その他(　　　　　)　(15.0)

(5) あなたはどのような形で防犯活動に参加をしていますか。(○はひとつ)
   1. ひとりのメンバーとして参加するだけである　(85.0)　3. リーダーとして活動している　(0.0)　M 1.25
   2. 企画や立案にたずさわっている　(10.0)　4. その他の形(　　　　)　(5.0)　SD 0.70

(6) あなたが防犯活動に参加しようと思ったきっかけは何ですか。あなた自身の様子にあてはまるものすべてに○をつけてください。(○はいくつでも)
   a. 地域における犯罪が増加してきたから　(45.0)　g. 社会の役に立ちたいと思ったから　(35.0)
   b. 時間に余裕があったから　(15.0)　h. 地域に悪い評判がたつのがいやだったから　(0.0)
   c. 友人や仲間に誘われたから　(10.0)　i. 活動を通して友人や仲間をふやしたかったから　(5.0)
   d. 決められた役割だったから　(55.0)　j. 自分自身の人間性を高めたかったから　(5.0)
   e. 地域の行事のひとつだったから　(30.0)　k. その他　(15.0)
   f. 地域での活動に興味があったから　(5.0)　(　　　　　　　　　　　　　　　)

(7) あなたが、防犯活動に参加されて、以下のような変化がありましたか、ありませんでしたか。あなた自身の様子にあてはまるものすべてに○をつけてください。(○はいくつでも)
   a. 人や地域に貢献しようという気持ちが高まった　(35.0)　e. 地域の人と力を合わせれば何でもできるという気持ちが高まった　(25.0)
   b. 新しい出会いや人間関係の輪が増えた　(70.0)　f. 継続的に防犯活動に参加しようと思うようになった　(35.0)
   c. やりがいを感じ満たされた気持ちになった　(10.0)　g. その他(　　　　　　　　)　(5.0)
   d. 自分の住んでいる地域に対する愛着が強くなった　(35.0)　h. とくに変化はない　(25.0)

ここからの質問は、すべての方がお答えください。

問7 あなたは、いま江戸川区で行われている防犯活動を、どのくらい活発だとお考えですか。（○はひとつ）

 1. 非常に活発に行われている （11.6）   3. あまり活発ではない （37.7）   M 2.46
 2. まあ、活発に行われている （40.6）   4. 活発ではない （10.1）   SD 0.83
                                NA 3

問8 あなたは、いま江戸川区で行われている防犯活動について、どのように感じていますか。あなたの考えにあてはまるものすべてに○をつけてください。（○はいくつでも）

 a. 地域住民と区や警察との協力が足りない （29.8）   g. 区や警察から住民に対しては支援は十分である （5.7）
 b. 防犯活動に対する住民たちの団結力が強い （13.5）   h. 住民の考えと区や警察の考えとの間にずれがある （10.6）
 c. 住民たちの間での情報交換が少ない （43.3）   i. 行政は住民による活動の自主性や成果を認めていない （1.4）
 d. 防犯活動に参加する住民が、固定化している （35.5）   j. 区や警察と住民との情報交換が密である （3.5）
 e. 住民たちの防犯意識が低い （28.4）   k. その他（   ） （9.2）
 f. 住民たちによる自発的な防犯活動が増加している （12.1）   l. とくに何も感じていない （14.8）

問9 あなたは、江戸川区における防犯活動が、今後どのようにあるべきだとお考えですか。以下のそれぞれの項目について、もっともあてはまる数字に○をつけてください。（○はそれぞれひとつずつ）

1 区や警察と住民とが話し合ったり、意見交換をしたりする場が必要である   M 1.74
 1. 強くそう思う   2. ややそう思う   3. あまりそうは思わない   4. まったくそうは思わない   SD 0.65
  (35.7)   (55.7)   (7.1)   (1.4)   NA 1

2 防犯活動は、区や警察などの公的機関に任せておくべきだ   M 2.97
 1. 強くそう思う   2. ややそう思う   3. あまりそうは思わない   4. まったくそうは思わない   SD 0.77
  (5.0)   (15.7)   (56.4)   (22.9)   NA 1

3 防犯活動は、住民たちが自主的に取り組んでいくべきだ   M 2.08
 1. 強くそう思う   2. ややそう思う   3. あまりそうは思わない   4. まったくそうは思わない   SD 0.73
  (20.0)   (55.0)   (22.1)   (2.9)   NA 1

4 住民の行う防犯活動に対して、区や行政からの支援が必要だ   M 1.55
 1. 強くそう思う   2. ややそう思う   3. あまりそうは思わない   4. まったくそうは思わない   SD 0.58
  (49.6)   (46.0)   (4.3)   0.0   NA 2

5 多様な住民が防犯活動に参加できるようにするための工夫をする必要がある   M 1.68
 1. 強くそう思う   2. ややそう思う   3. あまりそうは思わない   4. まったくそうは思わない   SD 0.65
  (41.7)   (49.6)   (7.9)   (0.7)   NA 2

ここからは、あなたが行政（江戸川区）と一緒に行っている活動についておたずねします。

問10 あなたは、江戸川区の職員と一緒になって行う活動（例えば、公聴会、検討会議、まちづくり、防犯活動、環境活動、地域の問題解決など）をしていますか、または活動をしたことがありますか。
（○はひとつ）

 1. 現在、活動している   2. 以前、活動したことがある   3. 活動したことがない   NA 1
   (4.3)   (9.3)   (86.4)

↪ **問11にとんでください**

1・2に○をつけた方のみ、

（1）参加された活動は、具体的にどのような内容でしたか。具体的にお書きください。

（2）活動の中で、行政とのトラブルや活動上の課題を感じましたか。具体的にお書きください。

（3）参加された後に、あなた自身の気持ちや自治体に対する考え方に変化がありましたか。

問11 以下の項目のような行政や地域に対する考え方は、あなたの考え方とどの程度一致していますか。あなたの期待・要望にもっともあてはまる数字に〇をつけてください。（〇はそれぞれひとつずつ）

1 今後の自治体のあり方について、自治体の職員の人たちと一緒に知恵をだしあいたい
 1. 強くそう思う 2. ややそう思う 3. あまりそう思わない 4. まったくそう思わない
  (11.1)   (60.0)   (25.2)   (3.7)
M 2.22　SD 0.68　NA 6

2 みんなが共通して使う場所（体育施設や公民館や文化施設など）を建てるときは、行政の方針だけでなく、自分たち住民の意見も反映させたい
 1. 強くそう思う 2. ややそう思う 3. あまりそう思わない 4. まったくそう思わない
  (50.7)   (43.4)   (5.9)   (0.0)
M 1.55　SD 0.60　NA 5

3 行政が環境対策（リサイクルや資源回収など）を推進した場合には、自分たち住民もすすんで協力や参加をしたい
 1. 強くそう思う 2. ややそう思う 3. あまりそう思わない 4. まったくそう思わない
  (53.7)   (41.2)   (4.4)   (0.7)
M 1.52　SD 0.62　NA 5

4 地域の防災計画を考えるときには、行政だけでなく、自分たち住民も積極的に参加するべきだ
 1. 強くそう思う 2. ややそう思う 3. あまりそう思わない 4. まったくそう思わない
  (34.6)   (55.9)   (8.8)   (0.7)
M 1.76　SD 0.64　NA 5

5 地域や自治体の問題は、行政の人たちと一緒に話し合って、自分たち住民も解決策を見いだしたい
 1. 強くそう思う 2. ややそう思う 3. あまりそう思わない 4. まったくそう思わない
  (29.6)   (60.0)   (10.4)   (0.0)
M 1.81　SD 0.60　NA 6

6 地域や自治体のことは、行政のほうで考えてくれればよいことだ
 1. 強くそう思う 2. ややそう思う 3. あまりそう思わない 4. まったくそう思わない
  (1.5)   (14.0)   (58.1)   (26.5)
M 3.10　SD 0.67　NA 5

7 地域の自治体のためになるならば、自分たち住民がもっている考えや力を提供したい
 1. 強くそう思う 2. ややそう思う 3. あまりそう思わない 4. まったくそう思わない
  (22.8)   (69.9)   (7.4)   (0.0)
M 1.85　SD 0.53　NA 5

8 行政から行政運営に関して意見を求められたときには、自分たち住民も積極的に関わりたい
 1. 強くそう思う 2. ややそう思う 3. あまりそう思わない 4. まったくそう思わない
  (22.2)   (68.9)   (8.9)   (0.0)
M 1.87　SD 0.54　NA 6

9 地域や自治体のことは、自分たち住民には全く関係のないことだ
 1. 強くそう思う 2. ややそう思う 3. あまりそう思わない 4. まったくそう思わない
  (0.7)   (2.2)   (41.9)   (55.1)
M 3.52　SD 0.58　NA 5

10 公園など公共空間の整備には、計画段階から自分たち住民も関わって意見を述べることが大切である
 1. 強くそう思う 2. ややそう思う 3. あまりそう思わない 4. まったくそう思わない
  (37.0)   (52.6)   (10.4)   (0.0)
M 1.73　SD 0.64　NA 6

次に、行政（江戸川区）に対するあなたの評価や考え方についておたずねします。

問12 あなたは江戸川区の政治や行政について、どの程度満足していますか、していませんか。（〇はひとつ）
 1. 非常に満足 (6.5) 4. やや不満 (15.2)
 2. やや満足 (43.5) 5. 非常に不満 (2.9)
 3. どちらともいえない (31.9)
M 2.65　SD 0.92　NA 3

問13 江戸川区民の一般の意見や希望は、江戸川区の政治や行政にどの程度反映されていると思いますか。（〇はひとつ）
 1. ほとんど反映されていない (2.2) 4. まあ反映されている (22.3)
 2. あまり反映されていない (18.7) 5. よく反映されている (2.2)
 3. どちらともいえない (54.7)
M 3.04　SD 0.76　NA 2

問14 あなたは江戸川区内の政治や行政に対して関心がありますか、ありませんか。（〇はひとつ）
 1. まったく関心がない (3.5) 4. やや関心がある (57.4)
 2. あまり関心がない (7.8) 5. とても関心がある (15.6)
 3. どちらともいえない (15.6)
M 3.74　SD 0.94　NA 0

問15 あなたは、江戸川区の職員の方の仕事ぶりや働き方について、どのようなイメージをおもちですか。以下の項目のうち、あなたのイメージにあてはまるものすべてに〇をつけてください。（〇はいくつでも）
 a. 社会的貢献度の高い仕事をしている (19.1) i. 市民の訴えに耳を傾けて仕事をしている (15.6)
 b. 休暇を取りやすい (21.3) j. 給与や年金などに恵まれている (38.3)
 c. 環境の変化を嫌う (17.7) k. 事なかれ主義がある (29.8)
 d. 市民をしたがわせる仕事が多い (6.4) l. 市民に比べ一段高い存在である (14.9)
 e. 特定の機関に便宜をはかっている (7.1) m. 業者との癒着がある (10.6)
 f. 他人に尽くしている (7.1) n. お上の仕事である (24.8)
 g. クビになることが少ない (43.3) o. 不正が多い (2.8)
 h. ならわしに従って仕事をする (42.6) p. あてはまるものがない (17.7)

問16 あなたは、江戸川区の職員の仕事ぶりに対して、どのようなことを期待したり要望したりしていますか。以下のそれぞれについて、あてはまるものの数字に〇をつけてください。（〇はそれぞれひとつずつ）

1 新しいことにどんどん取り組んでいってほしい
   1. あてはまる (41.6)　2. ややあてはまる (46.7)　3. あまりあてはまらない (8.8)　4. あてはまらない (2.9)
   M 1.73　SD 0.74　NA 4

2 もっと利益を考慮して仕事をしてほしい
   1. あてはまる (20.3)　2. ややあてはまる (34.6)　3. あまりあてはまらない (35.3)　4. あてはまらない (9.8)
   M 2.35　SD 0.91　NA 8

3 事なかれ主義をやめてほしい
   1. あてはまる (43.0)　2. ややあてはまる (34.8)　3. あまりあてはまらない (17.8)　4. あてはまらない (4.4)
   M 1.84　SD 0.87　NA 6

4 ならわしに従って仕事をするのをやめてほしい
   1. あてはまる (36.0)　2. ややあてはまる (39.0)　3. あまりあてはまらない (22.1)　4. あてはまらない (2.9)
   M 1.92　SD 0.83　NA 5

5 もっと早いスピードで仕事をしてほしい
   1. あてはまる (37.5)　2. ややあてはまる (38.2)　3. あまりあてはまらない (21.3)　4. あてはまらない (2.9)
   M 1.90　SD 0.83　NA 5

6 もっと積極的に情報を発信してほしい
   1. あてはまる (40.1)　2. ややあてはまる (43.1)　3. あまりあてはまらない (12.4)　4. あてはまらない (4.4)
   M 1.81　SD 0.82　NS 4

7 もっとわかりやすい言葉で説明してほしい
   1. あてはまる (31.2)　2. ややあてはまる (31.9)　3. あまりあてはまらない (30.4)　4. あてはまらない (6.5)
   M 2.12　SD 0.93　NA 3

8 もっと情報公開をしてほしい
   1. あてはまる (36.8)　2. ややあてはまる (39.0)　3. あまりあてはまらない (22.1)　4. あてはまらない (2.2)
   M 1.90　SD 0.82　NA 5

9 もっと住民とコミュニケーションをとる機会を多くしてほしい
   1. あてはまる (21.9)　2. ややあてはまる (47.4)　3. あまりあてはまらない (26.3)　4. あてはまらない (4.4)
   M 2.13　SD 0.80　NA 4

10 住民との信頼関係を大切にしてほしい
   1. あてはまる (35.8)　2. ややあてはまる (45.3)　3. あまりあてはまらない (18.2)　4. あてはまらない (0.7)
   M 1.84　SD 0.74　NA 4

11 職員の休暇を少なくしてほしい
   1. あてはまる (10.4)　2. ややあてはまる (19.4)　3. あまりあてはまらない (50.7)　4. あてはまらない (19.4)
   M 2.79　SD 0.87　NA 7

12 職員の時間外手当を減らしてほしい
   1. あてはまる (20.7)　2. ややあてはまる (24.4)　3. あまりあてはまらない (43.0)　4. あてはまらない (11.9)
   M 2.46　SD 0.95　NA 6

13 公務員でもクビにできるようにしてほしい
   1. あてはまる (47.1)　2. ややあてはまる (27.2)　3. あまりあてはまらない (17.6)　4. あてはまらない (8.1)
   M 1.87　SD 0.98　NA 5

14 もっと市民の声に耳を傾けてほしい
   1. あてはまる (30.7)　2. ややあてはまる (44.5)　3. あまりあてはまらない (19.0)　4. あてはまらない (5.8)
   M 2.00　SD 0.85　NA 4

15 もっと社会的貢献度の高い仕事をしてほしい
   1. あてはまる (25.7)　2. ややあてはまる (42.6)　3. あまりあてはまらない (27.9)　4. あてはまらない (3.7)
   M 2.10　SD 0.82　NA 5

16 もっと他人に尽くしてほしい
   1. あてはまる (21.2)　2. ややあてはまる (36.5)　3. あまりあてはまらない (36.5)　4. あてはまらない (5.8)
   M 2.27　SD 0.86　NA 4

問17 あなたは日本国内のことについて不安を感じていますか。以下の事柄について、あなたが不安を感じているものすべてに〇をつけてください。（〇はいくつでも）

a. 日本の活気がなくなること (40.4)
b. 少子・高齢化が進むこと (75.2)
c. 日本の食糧自給率が低いこと (47.5)
d. 大きな災害がおこること (68.8)
e. プライバシーがなくなること (21.3)
f. 不況が深刻になること (36.2)
g. 不登校などの教育問題が深刻になること (43.3)
h. 自分勝手な人が増えること (82.3)
i. 児童虐待などの家庭問題が増えること (62.4)
j. 犯罪の被害にあうのではないかということ (55.3)
k. 地域の治安が悪くなること (66.7)
l. 少年や少女による凶悪な犯罪が増えること (76.6)
m. 戦争に巻き込まれたり、他国から攻撃を受けたりすること (40.4)
n. その他（　　　　　　　　　） (5.0)
o. 不安に感じていることは特にない (0.0)

最後に、あなたご自身のことについておうかがいします。
プライバシーに関わる内容もお聞きしますが、統計的に処理を行い、個人が特定されることはありませんのでご安心ください。どうしても答えたくないところは、とばしていただいて結構です。

F1 あなたは男性ですか、女性ですか。あてはまる番号を○でかこんでください。（○はひとつ）
　　1. 男性　(48.9)　　　　　　　　2. 女性　(51.1)　　　　　　　　　　　　　　　NA 2

F2 あなたはおいくつですか（満年齢）。あてはまる番号を○でかこんでください。（○はひとつ）
　　1. 20～29歳　　(7.9)　　　4. 50～59歳　　(21.4)
　　2. 30～39歳　　(32.9)　　　5. 60～69歳　　(20.0)
　　3. 40～49歳　　(17.1)　　　6. 70歳以上　　(0.7)　　　　　　　　　　　NA 1

F3 あなたがお住まいの住宅は、以下のどれにあたりますか。あてはまる番号を○でかこんでください。（○はひとつ）
　　1. 持ち家1戸建て　　(45.7)　　　4. 民間アパート　　(12.1)
　　2. 分譲マンション　　(21.4)　　　5. 社宅・官舎・寮　　(2.5)
　　3. 賃貸1戸建て　　(1.4)　　　6. その他（　　　　）　　(42.0)　　　　NA 1

F4 現在、おなじ家にお住まいのご家族の中に、以下にあてはまる方がいらっしゃいますか。あてはまるものすべてに○をつけてください。（○はいくつでも）
　　a. 就学前の乳幼児　　(18.4)　　　d. 65歳以上の方　　(21.3)
　　b. 小学生・中学生　　(22.7)　　　e. からだの不自由な方　　(4.3)
　　c. 高校生　　(7.8)　　　f. 介護を必要とされる方　　(3.5)

F5 あなたのご職業は、以下のどれにあたりますか。あてはまる番号を○でかこんでください。（○はひとつ）
　　1. 農林漁業者　　(0.0)　　6. 専門職・自由業　　(5.0)
　　2. 自営業者　　(7.9)　　7. 主婦・主夫　　(22.3)
　　3. 販売職・サービス職　　(12.2)　　8. 学生　　(0.7)
　　4. 事務職・技能職　　(27.3)　　9. 無職　　(8.6)
　　5. 経営者・管理職　　(8.6)　　10. その他（　　　　）　　(7.2)　　NA 2

F6 あなたが最後に卒業（中退含む）された、あるいは現在在学されている学校は次のどれにあたりますか。あてはまる番号を○でかこんでください。（○はひとつ）
　　1. 小学校・中学校　　(4.3)　　4. 高等専門学校・短期大学　　(15.1)
　　2. 高等学校　　(29.5)　　5. 大学・大学院　　(42.4)
　　3. 各種学校・専修（専門）学校　　(8.6)　　6. その他（　　　　）　　(0.0)　　NA 2

F7 あなたの現在の生活水準は、世間一般とくらべてみて、次のどれにあたると思われますか。あなたの実感でお答えください。（○はひとつ）
　　1. 上の上　　(0.0)　　　6. 中の下　　(22.9)
　　2. 上の中　　(2.1)　　　7. 下の上　　(10.7)
　　3. 上の下　　(5.0)　　　8. 下の中　　(4.3)
　　4. 中の上　　(16.4)　　　9. 下の下　　(5.7)
　　5. 中の中　　(32.9)　　　　　　　　　　　　　　NA 1

以上で質問はおわりです。長い間、ご協力いただきありがとうございました。
回答もれがないかどうかをご確認の上、同封の返信用封筒に入れて、**9月20日まで**にご返送ください。
研究成果の概要をお知りになりたい方は、ハガキに連絡先を記入して投函してください。

資料4　単純集計結果（研究10）
地域や行政に対する意識に関するアンケート調査

N=295

　私たちは現在、地域や行政に対するみなさまの意識について研究を進めております。このたび、武蔵野市にお住まいの方々に対してアンケート調査を行うことになりました。ご多忙中のところ恐縮ではございますが、ご協力くださいますようお願い申し上げます。

　ご協力いただく前に、別紙お願い状の「個人情報の取り扱いについて」と、以下の欄をお読みの上、回答をはじめてください。ご回答をもって、本研究への協力についてご了解いただけたものとさせていただきます。回答が終わられましたら、お手数ですが同封の「返信用封筒」にて、**6月15日まで**ご返送ください。

・他の人と相談しないで、あなた自身のお考えをありのままにお答えください。

・ご回答は、他の方の回答と一緒にコンピュータ処理され、「○○な人は□%」といった統計データとして扱われます。個人が特定されることはありませんので、ご安心ください。

・あらかじめ回答項目が用意されている質問では、あてはまる項目の数字や記号を○印でかこんでください。

・回答欄が用意されている質問では、その中に回答を具体的にご記入ください。

・質問文の最後に「○はひとつ」と書かれている場合がありますが、これは、もっとも適切なものを1つだけ選ぶという意味です。「○はいくつでも」と書かれている質問では、いくつ選んでいただいてもかまいません。

平成19年5月

　　　　　　　　　　　　　　　　　　筑波大学大学院人間総合科学研究科
　　　　　　　　　　　　　　　　　　　　博士課程　　髙橋　尚也
　　　　　　　　　　　　　　　　　　　　教　授　　　松井　豊

《お問い合わせ》
つくば市天王台1-1-1　筑波大学心理学系内松井研究室
電話　029-853-6779　（平日10～12時、14～17時）

それでは、質問をはじめます。まず、あなたと地域との関わりについておたずねします。

問1 あなたは、いまの住所に住みはじめてから、およそ何年になりますか。次の中からあてはまるものに〇をつけてください。（〇はひとつ）
- 1. 1年未満 (5.4)
- 2. 1年以上5年未満 (21.0)
- 3. 5年以上10年未満 (18.6)
- 4. 10年以上15年未満 (15.3)
- 5. 15年以上20年未満 (5.4)
- 6. 20年以上 (34.2)

M 3.97
SD 1.72
NA 1

問2 あなたは近所づきあいをどの程度していらっしゃいますか。次の中からあてはまるものに〇をつけてください。（〇はひとつ）
- 1. 親しくつきあっている (15.3)
- 2. つきあいはしているが、あまり親しくはない (32.7)
- 3. あまり、つきあっていない (31.6)
- 4. つきあいはしていない (20.4)

M 2.57
SD 0.98
NA 2

問3 あなたは現在この地域で、次にあげるような会や集まりに所属していますか。所属しているものすべてに〇をつけてください。（〇はいくつでも）
- a. 自治会・コミュニティ活動 (10.1)
- b. 商店会・同業者組合 (4.1)
- c. 女性団体 (0.3)
- d. 老人会・老人クラブ (1.4)
- e. 父母会・PTA (14.9)
- f. 消防団・自主防災組織 (1.4)
- g. スポーツ・趣味のサークル (17.2)
- h. 生協活動 (4.4)
- i. 福祉活動団体 (2.0)
- j. NPO・NGO (1.0)
- k. ボランティア組織 (3.7)
- l. その他の地域住民組織 (4.1)
- （　　　　　　　　　）
- m. どれにも参加していない (56.8)

NA 0

問4 あなたは、現在住んでいる地域に対して、どの程度愛着をもっていますか。次の中からあてはまるものに〇をつけてください。（〇はひとつ）
- 1. とても愛着をもっている (51.0)
- 2. やや愛着をもっている (41.2)
- 3. あまり愛着をもっていない (6.8)
- 4. まったく愛着をもっていない (1.0)

M 1.58
SD 0.66
NA 0

次に、行政（武蔵野市）に対するあなたの評価や考え方についておたずねします。

問5 あなたは武蔵野市の政治や行政に対して関心がありますか、ありませんか。（〇はひとつ）
- 1. とても関心がある (26.1)
- 2. やや関心がある (45.8)
- 3. どちらともいえない (14.6)
- 4. あまり関心がない (11.9)
- 5. まったく関心がない (1.7)

M 2.17
SD 1.00
NA 0

問6 あなたは武蔵野市の政治や行政について、どの程度満足していますか、していませんか。（〇はひとつ）
- 1. 非常に満足 (2.7)
- 2. やや満足 (36.6)
- 3. どちらともいえない (42.0)
- 4. やや不満 (16.6)
- 5. 非常に不満 (2.0)

M 2.79
SD 0.82
NA 1

問7 市民の意見や希望は、武蔵野市の政治や行政にどの程度反映されていると思いますか。（〇はひとつ）
- 1. よく反映されている (1.7)
- 2. まあ反映されている (31.4)
- 3. どちらともいえない (49.0)
- 4. あまり反映されていない (17.6)
- 5. まったく反映されていない (0.3)

M 2.83
SD 0.74
NA 0

問8 あなたは、武蔵野市の職員の仕事ぶりに対して、どのようなことを望んだり期待したりしていますか。以下のそれぞれについて、あてはまるものの数字に○をつけてください。（○はそれぞれひとつずつ）

1 新しいことにどんどん取り組んでいってほしい
　1. あてはまる　2. ややあてはまる　3. あまりあてはまらない　4. あてはまらない
　　（24.4）　　　　（57.7）　　　　　（17.2）　　　　　　　　（0.7）
　M 1.94　SD 0.66　NA 5

2 ならわしに従って仕事をするのをやめてほしい
　1. あてはまる　2. ややあてはまる　3. あまりあてはまらない　4. あてはまらない
　　（29.9）　　　　（47.1）　　　　　（22.7）　　　　　　　　（0.3）
　M 1.93　SD 0.73　NA 5

3 もっと早いスピードで仕事をしてほしい
　1. あてはまる　2. ややあてはまる　3. あまりあてはまらない　4. あてはまらない
　　（24.1）　　　　（47.4）　　　　　（27.8）　　　　　　　　（0.7）
　M 2.05　SD 0.74　NA 5

4 もっと積極的に情報を発信してほしい
　1. あてはまる　2. ややあてはまる　3. あまりあてはまらない　4. あてはまらない
　　（30.4）　　　　（44.6）　　　　　（23.2）　　　　　　　　（1.7）
　M 1.96　SD 0.78　NA 7

5 もっとわかりやすい言葉で説明してほしい
　1. あてはまる　2. ややあてはまる　3. あまりあてはまらない　4. あてはまらない
　　（25.7）　　　　（39.7）　　　　　（30.8）　　　　　　　　（3.8）
　M 2.13　SD 0.84　NA 4

6 もっと住民とコミュニケーションをとる機会を多くしてほしい
　1. あてはまる　2. ややあてはまる　3. あまりあてはまらない　4. あてはまらない
　　（16.4）　　　　（40.8）　　　　　（39.7）　　　　　　　　（3.1）
　M 2.29　SD 0.76　NA 4

7 住民との信頼関係を大切にしてほしい
　1. あてはまる　2. ややあてはまる　3. あまりあてはまらない　4. あてはまらない
　　（34.7）　　　　（44.9）　　　　　（19.0）　　　　　　　　（1.4）
　M 1.87　SD 0.76　NA 2

8 もっと市民の声に耳を傾けてほしい
　1. あてはまる　2. ややあてはまる　3. あまりあてはまらない　4. あてはまらない
　　（31.0）　　　　（46.9）　　　　　（21.4）　　　　　　　　（0.7）
　M 1.92　SD 0.74　NA 2

9 もっと社会的貢献度の高い仕事をしてほしい
　1. あてはまる　2. ややあてはまる　3. あまりあてはまらない　4. あてはまらない
　　（26.1）　　　　（43.3）　　　　　（29.2）　　　　　　　　（1.4）
　M 2.06　SD 0.78　NA 5

問9 あなたは、武蔵野市の職員が住民組織とかかわる際に、どのようであってほしいと期待していますか。以下のそれぞれについて、あてはまるものの数字に○をつけてください。（○はそれぞれひとつずつ）

1 住民と関わるときには、行政は、本来行政のやるべき仕事だけをまっとうしてくれればよい
　1. あてはまる　2. ややあてはまる　3. あまりあてはまらない　4. あてはまらない
　　（7.2）　　　　（29.5）　　　　　（50.3）　　　　　　　　（13.0）
　M 2.69　SD 0.79　NA 4

2 行政は、住民と関わるときに住民の活動にあまり口を出してほしくない
　1. あてはまる　2. ややあてはまる　3. あまりあてはまらない　4. あてはまらない
　　（8.9）　　　　（38.8）　　　　　（47.4）　　　　　　　　（4.8）
　M 2.48　SD 0.73　NA 5

3 行政から住民に対して、もっと技術的な支援がほしい
　1. あてはまる　2. ややあてはまる　3. あまりあてはまらない　4. あてはまらない
　　（15.1）　　　　（53.7）　　　　　（28.1）　　　　　　　　（3.2）
　M 2.19　SD 0.72　NA 11

4 住民と関わるときに、行政は住民に対して本当の情報を提供してほしい
　1. あてはまる　2. ややあてはまる　3. あまりあてはまらない　4. あてはまらない
　　（63.8）　　　　（24.1）　　　　　（11.0）　　　　　　　　（1.0）
　M 1.49　SD 0.73　NA 6

5 住民と関わるときに、行政はもっとわかりやすく提示してほしい
　1. あてはまる　2. ややあてはまる　3. あまりあてはまらない　4. あてはまらない
　　（54.5）　　　　（33.6）　　　　　（10.6）　　　　　　　　（1.4）
　M 1.59　SD 0.73　NA 4

6 住民と関わるときに、行政には住民たちのことをもっと信頼してほしい M 2.04
　1. あてはまる　　2. ややあてはまる　　3. あまりあてはまらない　　4. あてはまらない SD 0.82
　　(29.8)　　　　　(38.4)　　　　　　　(29.8)　　　　　　　　　　(2.1) NA 4
7 住民と関わるときに、行政は住民たちの自主性を認めてほしい M 2.10
　1. あてはまる　　2. ややあてはまる　　3. あまりあてはまらない　　4. あてはまらない SD 0.74
　　(21.5)　　　　　(49.1)　　　　　　　(27.6)　　　　　　　　　　(1.7) NA 3
8 住民に接する際に、市役所の各部署の間で、もっと横の連携をとってほしい M 1.66
　1. あてはまる　　2. ややあてはまる　　3. あまりあてはまらない　　4. あてはまらない SD 0.76
　　(21.5)　　　　　(49.1)　　　　　　　(27.6)　　　　　　　　　　(1.7) NA 6
9 住民と接する際に、行政は住民たちの運営方針を尊重してほしい M 2.04
　1. あてはまる　　2. ややあてはまる　　3. あまりあてはまらない　　4. あてはまらない SD 0.74
　　(23.9)　　　　　(50.2)　　　　　　　(24.2)　　　　　　　　　　(1.7) NA 7

問10　以下の項目のような行政や地域に対する考え方は、あなたの考え方とどの程度一致していますか。
　　　あなたの考え方に、もっともあてはまる数字に○をつけてください。（○はそれぞれひとつずつ）

1 今後の自治体のあり方について、自治体の職員の人たちと一緒に知恵をだしあいたい M 2.10
　1. 強くそう思う　2. ややそう思う　　3. あまりそう思わない　　4. まったくそう思わない SD 0.71
　　(18.4)　　　　　(55.1)　　　　　　　(24.5)　　　　　　　　　　(2.0) NA 2
2 地域をよくすることは、行政ではなく、自分たち住民の仕事だ M 2.36
　1. 強くそう思う　2. ややそう思う　　3. あまりそう思わない　　4. まったくそう思わない SD 0.68
　　(8.2)　　　　　(50.7)　　　　　　　(37.8)　　　　　　　　　　(3.4) NA 2
3 地域や自治体のことは、行政のほうで考えてくれればよいことだ M 2.90
　1. 強くそう思う　2. ややそう思う　　3. あまりそう思わない　　4. まったくそう思わない SD 0.66
　　(2.1)　　　　　(21.0)　　　　　　　(61.4)　　　　　　　　　　(15.5) NA 6
4 行政が環境対策（リサイクルなど）を推進した場合には、自分たち住民もすすんで協力や参加をしたい M 1.54
　1. 強くそう思う　2. ややそう思う　　3. あまりそう思わない　　4. まったくそう思わない SD 0.61
　　(51.5)　　　　　(43.1)　　　　　　　(5.1)　　　　　　　　　　(0.3) NA 1
5 住民たちの考えやアイデアで、地域やコミュニティを活性化していきたい M 1.98
　1. 強くそう思う　2. ややそう思う　　3. あまりそう思わない　　4. まったくそう思わない SD 0.67
　　(21.2)　　　　　(62.5)　　　　　　　(14.0)　　　　　　　　　　(2.4) NA 3
6 地域や自治体のことは、自分たち住民には全く関係のないことだ M 3.40
　1. 強くそう思う　2. ややそう思う　　3. あまりそう思わない　　4. まったくそう思わない SD 0.60
　　(0.3)　　　　　(5.1)　　　　　　　(48.5)　　　　　　　　　　(46.1) NA 1
7 地域や自治体の問題は、行政の人たちと一緒に話し合って、自分たち住民も解決策を見いだしたい M 1.86
　1. 強くそう思う　2. ややそう思う　　3. あまりそう思わない　　4. まったくそう思わない SD 0.62
　　(25.9)　　　　　(62.8)　　　　　　　(10.2)　　　　　　　　　　(1.0) NA 3
8 行政から行政運営に関して意見を求められたときには、自分たち住民も積極的に関わりたい M 2.00
　1. 強くそう思う　2. ややそう思う　　3. あまりそう思わない　　4. まったくそう思わない SD 0.64
　　(19.1)　　　　　(62.5)　　　　　　　(17.4)　　　　　　　　　　(1.0) NA 3
9 地域の問題は、行政にまかせておけば、うまく解決してくれると思う M 3.17
　1. 強くそう思う　2. ややそう思う　　3. あまりそう思わない　　4. まったくそう思わない SD 0.65
　　(0.7)　　　　　(12.2)　　　　　　　(56.6)　　　　　　　　　　(30.5) NA 1
10 行政ではなく、私たち住民の知恵こそが、住みよい町をつくっていくと思う M 2.17
　1. 強くそう思う　2. ややそう思う　　3. あまりそう思わない　　4. まったくそう思わない SD 0.67
　　(14.3)　　　　　(56.1)　　　　　　　(28.2)　　　　　　　　　　(1.4) NA 2

→次のページへ

以下では、武蔵野市におけるコミュニティ活動についておたずねします。

問11 あなたは、武蔵野市内に「コミュニティ・センター」があることを知っていますか。
　　1. よく知っている　　2. 少し知っている　　3. 名前を聞いたことがある　　4. まったく知らない　　N=292
　　　　　(56.2)　　　　　(25.0)　　　　　　(14.0)　　　　　　　　　(4.8)　NA 4
　　　　　　　　　　　　　　　　　　　　　　　　　　　　　　　　　　　　　問14へ
　　問12・問13は、問11で1～3に〇をつけた方のみお答えください
　　　　　　　　　　　　　　　N=278

問12 コミュニティ・センターやコミュニティ活動に関するあなたの評価をおたずねします。以下のそれぞれの質問について、あてはまる答えに1つ〇をつけてください。（〇はそれぞれ1つずつ）

1 現在のコミュニティセンターやコミュニティの活動は・・・・・・　　M 2.07
　1. 行政主導で企画されている　2. 一部の住民主導で企画されている　3. 多くの住民の声に基づいて企画されている　　SD 0.50
　　　　(8.9)　　　　　　　　　　　　(75.1)　　　　　　　　　　　　(16.0)　　　NA 21

2 現在のコミュニティセンターやコミュニティの活動に関わっている人たちは、・・・・・・　　M 2.23
　1. 行政に頼っている　2. ときどき行政に頼っている　3. 住民が自立している　4. 完全に住民が自立している　　SD 0.67
　　(11.3)　　　　　　　　(56.7)　　　　　　　　　　(29.6)　　　　　　(2.4)　　NA 31

3 現在のコミュニティセンターやコミュニティの活動において、住民と行政の間には、・・・・・・　　M 2.74
　1. まったく信頼しあっていない　2. あまり信頼しあっていない　3. 互いに信頼しあっている　4. 十分に信頼しあっている　　SD 0.48
　　(0.8)　　　　　　　　　(24.9)　　　　　　　　(73.4)　　　　　　(0.8)　　NA 41

4 行政は、住民たちが行うコミュニティやコミュニティセンターの活動について・・・・・・　　M 2.88
　1. とても不安を抱いている　2. やや不安を抱いている　3. やや安心している　4. とても安心している　　SD 0.60
　　(1.7)　　　　　　　(19.8)　　　　　　　(66.9)　　　　　(11.6)　　NA 36

5 住民たちは、コミュニティセンターやコミュニティの活動をする上で、行政から・・・・・・　　M 2.03
　1. 多くの支援をうけている　2. 少し支援をうけている　3. あまり支援を受けていない　4. まったく支援を受けていない　　SD 0.62
　　(16.5)　　　　　　　(65.0)　　　　　　　(17.3)　　　　　　(1.3)　　NA 41

6 現在、コミュニティセンターやコミュニティの活動に関わっている人たちは、一般の住民に対して・・・　　M 2.75
　1. とても閉鎖的だ　2. やや閉鎖的だ　3. やや開放的だ　4. とても開放的だ　　SD 0.74
　　(2.0)　　　　　(36.4)　　　　　(46.0)　　　　　(15.6)　　NA 28

7 コミュニティ活動が活発になることによって、「あなた自身」に、よいことや得になることがありますか。　　M 2.28
　1. おおいにある　2. まあまあある　3. あまりない　4. まったくない　　SD 0.74
　　(11.8)　　　　(54.4)　　　　　(28.1)　　　　　(5.7)　　NA 15

8 コミュニティ活動がもりあがることによって、あなたの住む「地域」に、よいことや得になることがありますか。　　M 2.01
　1. おおいにある　2. まあまあある　3. あまりない　4. まったくない　　SD 0.66
　　(17.9)　　　　(66.4)　　　　　(12.2)　　　　　(3.4)　　NA 16

9 コミュニティ活動が活発になることによって、「あなたの家族」に、よいことや得になることがありますか。　　M 2.29
　1. おおいにある　2. まあまあある　3. あまりない　4. まったくない　　SD 0.79
　　(13.3)　　　　(51.7)　　　　　(27.5)　　　　　(7.5)　　NA 15

10 コミュニティ活動がもりあがることによって、「あなたのお子さんやお孫さん」に、よいことや得になることがありますか。　　M 2.20
　1. おおいにある　2. まあまあある　3. あまりない　4. まったくない　　SD 0.84
　　(18.4)　　　　(51.6)　　　　　(21.6)　　　　　(8.4)　　NA 28

問13 あなたは、武蔵野市内にある「コミュニティ・センター」を利用したことがありますか。
　　1. 利用したことがない　　2. 利用したことがある　→　1年間におよそ　M 10.11(SD24.58)　回利用している。（数字を直接記入）
　　　(35.6)　　　　　　　　(64.4)　　NA 3

すべての方がお答えください。
問14 あなたは、武蔵野市の「コミュニティ」や「コミュニティ・センター」の運営に参加したことがありますか。（○はひとつ）

1. 現在、参加している (3.0)
2. 以前、参加したことがある (9.8)
3. 参加したことがない (87.2)　NA 0

N=38

問14で「現在、参加したことがある」「以前、参加したこ

問15　N=252
あなたは今後、武蔵野市における「コミュニティ」や「コミュニティセンター」の運営に参加したいと思いますか、思いませんか。
1. ぜひ参加しようと思う (3.2)
2. どちらかといえば参加しようと思う (15.1)
3. どちらともいえない (49.6)
4. どちらかといえば参加したくない (10.7)
5. 参加しようとは思わない (21.4)
NA 6　→　次のページ（問21へ）

問16 どのような役割で参加していますか（いましたか）？あてはまるものすべてに○をつけてください。（○はいくつでも）　NA 0
a 運営委員として (10.5)　　　d 一委員として (15.8)
b 協力委員（協力員）として (18.4)　e 行事などのスタッフとして (68.4)
c 役員として (10.5)　　　　　f その他 (13.2)

問17 活動に参加する頻度はどのくらいですか。以下の中からあてはまるものに1つ○をつけてください。（○はひとつ）
1. 1年に数回 (64.9)
2. 1か月に1回 (18.9)
3. 1か月に数回 (10.8)
4. 1週間に1回 (5.4)
5. ほぼ毎日 (0.0)

問18 あなたが、活動に参加しようと思ったきっかけは何ですか。以下の中から、あてはまるものすべてに○をつけてください。（○はいくつでも）

a 友人・知人に誘われたから (24.3)　h 活動を通して、友人や仲間を増やしたかったから (10.8)
b 広報やちらしをみたから (16.2)　i 自分自身の人間性を高めたかったから (13.5)
c みずからすすんで (13.5)　j 地域活動に興味があったから (24.3)
d 地域における問題が多くなってきたから (0.0)　k 社会の役に立ちたいと思ったから (10.8)
e 時間に余裕があったから (10.8)　l 地域に悪い評判が立つのがいやだったから (0.0)
f 地域の行事のひとつだったから (45.9)　m 何となく (8.1)
g 所属組織の中で決められた役割だったから (37.8)　n その他（　　　　　） (2.7)

問19 あなたは、活動に参加されて、以下のような変化がありましたか、ありませんでしたか。あなた自身の様子にあてはまるものすべてに○をつけてください。（○はいくつでも）

a 友人関係の輪がひろがった (39.5)　f 多数の人々と関わりをもつことができた (55.3)
b やりがいを感じ満たされた気持ちになった (5.3)　g 地域の人と力をあわせれば、何でもできるという気持ちが強まった (7.9)
c 地域に貢献しようという気持ちが高まった (18.4)
d 地域や行政のことを勉強することができた (15.8)　h 自分の住んでいる地域に対する愛着が高まった (31.6)
e 活動している住民組織でさまざまな活動をしようと思うようになった (7.9)　i その他（　　　　　） (0.0)
　　　　　　　　　　　　　　　　j とくに変化はない (13.2)

問20 あなたがいままで活動に参加された中で、行政の職員との間に、以下のようなトラブルを経験したことがありますか。経験したことがあるものすべてに○をつけてください。（○はいくつでも）

a 行政の考えと住民の考えとの間にズレがあった (18.9)
b 行政が、住民の活動に対して不信感や不安感を抱いていた (8.1)
c 行政が、必要な情報を提示してくれなかった (13.5)
d 行政が、時間的に無理な要請をしてきた (5.4)
e 行政から住民側に対する「お願い」や「協力要請」が多かった (18.9)
f コミュニティや住民組織に対する行政の方針があいまいで、混乱が生じた (8.1)
g 行政職員によって、コミュニティや住民組織に対する考え方が異なり、困った (13.5)
h 行政が閉鎖的で、コミュニティや住民組織と一緒に活動する気がなかった (0.0)
i 住民が提案したのにもかかわらず、行政に「個人の意見ではないか」といわれた (8.1)
j その他（　　　　　） (8.1)
k とくにない (56.8)

すべての方がお答えください。
問21 あなたは、武蔵野市の職員と一緒になって行う活動（たとえば、検討会議、まちづくり、環境活動、地域の問題解決など）に参加したことがありますか。

1. 現在、参加している (1.7)
2. 以前、参加したことがある (4.1)
3. 参加したことがない (94.2)　NA 4

N=17
具体的にどのような活動に参加していますか（いましたか）

問22　N=275
あなたは今後、武蔵野市の職員と一緒になって行う活動に参加したいと思いますか、思いませんか。
1. ぜひ参加しようと思う (3.3)
2. どちらかといえば参加しようと思う (21.5)
3. どちらともいえない (46.7)
4. どちらかといえば参加したくない (13.3)
5. 参加しようとは思わない (15.2)

NA 5　→　次のページ（問28へ）

問23 あなたはどのような役割で参加していますか（いましたか）。あてはまるものすべてに○をつけてください。（○はいくつでも）
- a 役員として (0.0)
- b コミュニティの代表として (0.0)
- c 公募のメンバーとして (17.6)
- d 一委員として (23.5)
- e 行事などのスタッフとして (35.3)
- f その他 (35.3)

問24 活動に参加する頻度はどのくらいですか。以下の中からあてはまるものに1つ○をつけてください。（○はひとつ）　NA 2
1. 1年に数回 (66.7)
2. 1か月に1回 (26.7)
3. 1か月に数回 (6.7)
4. 1週間に1回 (0.0)
5. ほぼ毎日 (0.0)

問25 あなたが、活動に参加しようと思ったきっかけは何ですか。以下の中から、あてはまるものすべてに○をつけてください。（○はいくつでも）
- a 友人・知人に誘われたから (17.6)
- b 広報やちらしをみたから (47.1)
- c みずからすすんで (11.8)
- d 地域における問題が多くなってきたから (5.9)
- e 時間に余裕があったから (23.5)
- f 地域の行事のひとつだったから (17.6)
- g 所属組織の中で決められた役割だったから (23.5)
- h 活動を通して、友人や仲間をふやしたかったから (11.8)
- i 自分自身の人間性を高めたかったから (35.3)
- j 地域活動に興味があったから (17.6)
- k 社会の役に立ちたいと思ったから (11.8)
- l 地域に悪い評判が立つのがいやだったから (0.0)
- m 何となく (0.0)
- n その他（　） (11.8)

問26 あなたは、活動に参加されて、以下のような変化がありましたか、ありませんでしたか。あなた自身の様子にあてはまるものすべてに○をつけてください。（○はいくつでも）　NA 1
- a 友人関係の輪がひろがった (29.4)
- b やりがいを感じ満たされた気持ちになった (5.9)
- c 地域に貢献しようという気持ちが高まった (5.9)
- d 地域や行政のことを勉強することができた (23.5)
- e 活動している住民組織でさまざまな活動をしようと思うようになった (11.8)
- f 多数の人々と関わりをもつことができた (35.3)
- g 地域の人と力をあわせれば、何でもできるという気持ちが強まった (0.0)
- h 自分の住んでいる地域に対する愛着が高まった (52.9)
- i その他（　） (5.9)
- j とくに変化はない (11.8)

問27 あなたがいままで活動に参加された中で、行政の職員との間に、以下のようなトラブルを経験したことがありますか。経験したことがあるものすべてに○をつけてください。（○はいくつでも）　NA 1
- a 行政の考えと住民の考えとの間にズレがあった (50.0)
- b 行政が、必要な情報を提供してくれなかった (18.8)
- c 行政が、時間的に無理な要請をしてきた (6.3)
- d 行政の方針があいまいで、混乱が生じた (6.3)
- e 行政が閉鎖的で、住民と一緒に活動する気がなかった (25.0)
- f 行政から住民側に対する「お願い」や「協力要請」が多かった (6.3)
- g 行政が、住民の活動に対して不信感や不安感を抱いていた (6.3)
- h 行政職員によって、活動に対する考え方が異なり、困った (6.3)
- i 住民が提案したのにもかかわらず、行政に「個人の意見ではないか」といわれた (6.3)
- j その他（　） (6.3)
- k とくにない (43.8)

ここからの質問はすべての方がお答えください。

あなたご自身の考え方についておたずねします。

問28 以下には、さまざまなきまりが示されています。それぞれの内容について、あなたはどのように考えますか。各項目ごとに回答欄の該当する番号に○をつけてください。（○はそれぞれ1つずつ）

1 人が困っているときには、自分がどんな状況にあろうとも、助けるべきである
　　1. 非常に賛成する　　2. やや賛成する　　3. やや反対する　　4. 非常に反対する　　M 2.15
　　　　(12.6)　　　　　　　(60.2)　　　　　　　(27.2)　　　　　　　(0.0)　　　　　SD 0.62
　　　NA 2

2 自分の利益より、相手の利益を優先して、手助けすべきである
　　1. 非常に賛成する　　2. やや賛成する　　3. やや反対する　　4. 非常に反対する　　M 2.53
　　　　(5.5)　　　　　　　(39.4)　　　　　　　(51.9)　　　　　　　(3.1)　　　　　SD 0.65
　　　NA 7

3 自己を犠牲にしてまでも、人を助ける必要はない
　　1. 非常に賛成する　　2. やや賛成する　　3. やや反対する　　4. 非常に反対する　　M 2.62
　　　　(1.4)　　　　　　　(43.0)　　　　　　　(48.5)　　　　　　　(7.2)　　　　　SD 0.64
　　　NA 5

4 自分が不利になるのなら、困っている人を助けなくともよい
　　1. 非常に賛成する　　2. やや賛成する　　3. やや反対する　　4. 非常に反対する　　M 2.80
　　　　(1.0)　　　　　　　(27.4)　　　　　　　(62.0)　　　　　　　(9.6)　　　　　SD 0.61
　　　NA 4

5 社会の利益よりも、自分の利益を第一に考えるべきである
　　1. 非常に賛成する　　2. やや賛成する　　3. やや反対する　　4. 非常に反対する　　M 2.81
　　　　(0.7)　　　　　　　(28.5)　　　　　　　(59.8)　　　　　　　(11.0)　　　　SD 0.62
　　　NA 5

最後に、あなたご自身のことについておうかがいします。

プライバシーに関わる内容もお聞きしますが、統計的に処理を行い、個人が特定されることはありませんのでご安心ください。どうしても答えたくないところは、とばしていただいて結構です。

問29 あなたは男性ですか、女性ですか。あてはまる番号を○でかこんでください。（○はひとつ）
　　1. 男性　　(35.9)　　　　　　2. 女性　　(64.1)　　　　　　　　　　　　　　NA 1

問30 あなたはおいくつですか（満年齢）。あてはまる番号を○でかこんでください。（○はひとつ）
　　1. 20〜29歳　　(11.9)　　　　4. 50〜59歳　　(22.8)　　　　M 3.14
　　2. 30〜39歳　　(24.1)　　　　5. 60〜69歳　　(19.7)　　　　SD 1.31
　　3. 40〜49歳　　(21.4)　　　　6. 70歳以上　　(0.0)　　　　　NA 2

問31 あなたがお住まいの住宅は、以下のどれにあたりますか。あてはまる番号を○でかこんでください。（○はひとつ）
　　1. 持ち家1戸建て　　(42.2)　　　5. 民間アパート　　(10.9)
　　2. 分譲マンション　　(22.1)　　　6. 社宅・官舎・寮　　(3.1)
　　3. 賃貸1戸建て　　(1.4)　　　　 7. その他（　　　　）　(3.7)　　NA 2
　　4. 賃貸マンション　　(16.7)

問32 現在、おなじ家にお住まいのご家族の中に、以下にあてはまる方がいらっしゃいますか。あてはまるものすべてに○をつけてください。（○はいくつでも）
　　a. 就学前の乳幼児　　(13.5)　　　e. からだの不自由な方　　(5.1)
　　b. 小学生・中学生　　(19.6)　　　f. 介護を必要とされる方　　(5.7)
　　c. 高校生　　(7.8)　　　　　　　g. a〜fにあてはまる家族はいない　(48.0) NA 0
　　d. 65歳以上の方　　(23.0)

問33 あなたのご職業は、以下のどれにあたりますか。あてはまる番号を〇でかこんでください。
　　　（〇はひとつ）
　　1. 農林漁業者　　　　　　　　(0.0)　6. 専門職・自由業　　　　　　(10.2)
　　2. 自営業者　　　　　　　　　(7.2)　7. 主婦・主夫　　　　　　　　(27.6)
　　3. 販売職・サービス職　　　　(7.2)　8. 学生　　　　　　　　　　　(3.4)
　　4. 事務職・技能職　　　　　 (24.2)　9. 無職　　　　　　　　　　　(5.5)
　　5. 経営者・管理職　　　　　　(9.2) 10. その他（　　　　　　　）　(5.5)　　　NA 3

問34 あなたが最後に卒業（中退含む）された、あるいは現在在学されている学校は次のどれに
　　　あたりますか。あてはまる番号を〇でかこんでください。（〇はひとつ）
　　1. 小学校・中学校　　　　　　(1.7)　4. 高等専門学校・短期大学　　(18.3)
　　2. 高等学校　　　　　　　　 (19.7)　5. 大学・大学院　　　　　　　(50.2)
　　3. 各種学校・専修（専門）学校(9.8)　6. その他（　　　　　　　）　(0.3)　　　NA 1

問35 あなたの現在の生活水準は、世間一般とくらべてみて、次のどれにあたると思われますか。
　　　あなたの実感でお答えください。（〇はひとつ）
　　1. 上の上　　　　　　　　　　(0.0)　6. 中の下　　　　　　　　　　(18.9)
　　2. 上の中　　　　　　　　　　(2.4)　7. 下の上　　　　　　　　　　(6.5)
　　3. 上の下　　　　　　　　　　(8.9)　8. 下の中　　　　　　　　　　(3.8)
　　4. 中の上　　　　　　　　　 (26.8)　9. 下の下　　　　　　　　　　(1.0)　　　NA 5
　　5. 中の中　　　　　　　　　 (31.6)

以上で質問はおわりです。長い間、ご協力いただきありがとうございました。
回答もれがないかどうかをご確認の上、同封の返信用封筒に入れて、<u>6月15日まで</u>にご返送ください。
「返信通知ハガキ（青色）」には、必要事項をご記入の上、必ず、<u>返信用封筒とは別に</u>、投函してください。

● 「返信通知ハガキ（青色）」について
　　　　「返信通知ハガキ」は、あなた様にご協力いただいたことを確認するもので、お送りいただいた方には、今後、
　　　私どもよりご連絡をとることは一切ありません。　「返信通知ハガキ」は、あなた様のプライバシー保護のため、
　　　<u>必ず、返信用封筒とは別に投函してください</u>。

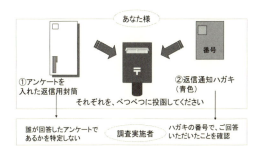

※「返送通知ハガキ」が不着の場合、6月15日以降、重ねて調査に対するご協力のお願いをさせていただくことがあります。
お手数をおかけいたしますが、ご協力のほど、よろしくお願いいたします。

ご意見・ご感想などがございましたら、次ページ以降のメモ欄にご記入下さい。

著者紹介
髙橋尚也(たかはし　なおや)
2003 年　筑波大学第二学群人間学類　卒業
2008 年　筑波大学大学院博士課程人間総合科学研究科心理学専攻　修了
　　　　博士（心理学）
現職　立正大学心理学部　対人・社会心理学科　准教授

主要著作物
質問紙調査の計画　宮本聡介・宇井美代子（編）『質問紙調査と心理測定尺度』
　　サイエンス社　2014 年　分担執筆
行政とのパートナーシップ　加藤潤三・石盛真徳・岡本卓也（編）『コミュニ
　　ティの社会心理学』ナカニシヤ出版　2013 年　分担執筆
社会的貢献の社会心理　齊藤勇（編）『図説社会心理学入門』誠信書房　2011
　　年　分担執筆
地域防犯活動に対する市民参加を規定する要因「社会心理学研究」, *26*,
　　97-108. 2010 年

住民と行政の協働における社会心理学
市民参加とコミュニケーションのかたち

2018 年 3 月 20 日　初版第 1 刷発行　定価はカヴァーに
　　　　　　　　　　　　　　　　　　表示してあります

　　　　　　著　者　髙橋尚也
　　　　　　発行者　中西　良
　　　　　　発行所　株式会社ナカニシヤ出版
　　　　〒 606-8161　京都市左京区一乗寺木ノ本町 15 番地
　　　　　　　　　　　Telephone　075-723-0111
　　　　　　　　　　　Facsimile　075-723-0095
　　　　　　　　Website　http://www.nakanishiya.co.jp/
　　　　　　　　Email　iihon-ippai@nakanishiya.co.jp
　　　　　　　　　郵便振替　01030-0-13128

装幀＝白沢　正／印刷・製本＝創栄図書印刷
Copyright © 2018 by N. Takahashi.
Printed in Japan.
ISBN978-4-7795-1234-6 C3011

本書のコピー，スキャン，デジタル化等の無断複製は著作権法上での例外を除き禁
じられています。本書を代行業者等の第三者に依頼してスキャンやデジタル化する
ことはたとえ個人や家庭内の利用であっても著作権法上認められておりません。